Missouri Word Search

Word Search and Other Puzzles about
Missouri Places and People

By Emily Jacobs

How to use this book:

Each theme in this book has a word scramble puzzle, a word search puzzle, and a "matching game".

Words are vertical, horizontal, diagonal, forwards, and backwards in the word search puzzles.

Word scramble puzzles can include more than one word scrambled together. The answers to the word scrambles are the list of words to be used in the word search puzzle. The list is on the next page. The list of words is (mostly) the same for both puzzles. The answers to the word search puzzles are at the back of the book.

Work the puzzles for one theme at the same time, at a different time, or by a different person. Whichever puzzle type is your favorite you will enjoy being reminded or starting a conversation about the Missouri Places and People.

Dates given are the year the famous Missourian was born.

Find more entertaining books for all ages at

www.wordsearchesandmore.com

Find more books by Emily Jacobs for your enjoyment:

Sports Word Searches and Scrambles
Word Search and Word Scramble Puzzles
All About Football

Sports Word Searches and Scrambles
Word Search and Word Scramble Puzzles
All About Basketball

Sports Word Searches and Scrambles
Word Search and Word Scramble Puzzles
All About Baseball

Sports Players from Pennsylvania
Famous Athletes Word Searches and Other Puzzles

Sports Players from Virginia
Famous Athletes Word Searches and Other Puzzles

Football Word Search and Other Puzzles
Football Players from Ohio 1920 - 2014

Football Word Search and Other Puzzles
Football Players from California 1920-1990

Football Word Search and Other Puzzles
Football Players from California 1991-2014

Word Search Fun with Football Players from California

Enjoyable Geography Lessons
Word Searches About All 50 States and Their Symbols

Arkansas Word Search – Word Search and Other Puzzles
About Arkansas Places and People

Colorado Word Search – Word Search and Other Puzzles
About Colorado Places and People

Ohio and Its People
Ohio State Word Search Puzzles and more

Pennsylvania Word Search – Word Search and Other Puzzles
About Pennsylvania Places and People

South Carolina Word Search – Word Search and Other Puzzles About South Carolina Places and People

Virginia Word Search – Word Search and Other Puzzles
About Virginia Places and People

Washington Word Search – Word Search and Other Puzzles About Washington Places and People

Animal Word Search - Pet and Farm Animal Themed Word Search and Scramble Puzzles

Cars Then and Now - A Word Search Book about Cars (American and Foreign)

Cars Then and Now - A Word Search Book about Cars (American)

Cars Then and Now - A Word Search Book about Cars (Foreign)

Bible Word Search (Old and New Testament)

New Testament Word Search

Old Testament Word Search

Everything Woodworking – A Fun Word Search Book for Woodworkers

Food for Fun - A Food Themed Word Search and Word Scramble Puzzle Book

Fun With Movies - Word Puzzles of Favorite Kid's Movies

Heroes in America – Word Search Puzzles of People
   In Our History

Fun with Words – from The Word (Bible)
   Word Find and Word Scramble Puzzles with New Testament
   Themes

Mandala Design Duets to Color
   An Adult Coloring Book of Fun Mandala Patterns

Introducing You!
   Self-Journal Questions to Get to Know Yourself

And for the little ones in your life:

Letters and Animals Coloring Fun

You Know You Live in Missouri If...

Someone in a store offers you assistance and they don't even work there

You know several people who have hit a deer more than once

You install security lights on your house but leave doors unlocked

You know what "Home of the Throwed Roll" means

Everyone in your family has been on a float trip

You had school classes canceled because of cold

You had school classes canceled because of heat

Your idea of a traffic jam is ten cars waiting to pass a tractor

There's a tornado warning and the whole town is outside watching for it

You've ridden the school bus for an hour each way

You think Imo's is larger than Pizza Hut

You see a car running in the parking lot at the store with no one in it

You failed geography in school because you thought Cuba, Florida, California, Nevada, Houston, and Mexico were cities in Missouri

People can't decide if you're southern or Midwestern

You like your sweet tea

You've explored a cave

Puzzle Titles

1. Missouri Symbols Scramble & Word Search   11
2. Missouri Symbols Too Scramble & Word Search   13
3. First 17 Governors Scramble & Word Search   15
4. Last 17 Governors Scramble & Word Search   17
5. Largest 15 Cities Scramble & Word Search   19
6. Missouri State Parks Scramble & Word Search   21
7. Missouri Counties Scramble & Word Search   23
8. Missouri Counties Too! Scramble & Word Search   25
9. More Missouri Counties Scramble & Word Search   27
10. And More Missouri Counties Scramble & Word Search   29
11. Even More Missouri Counties Scramble & Word Search   31
12. Still More Missouri Counties Scramble & Word Search   33
13. Branson Attractions Scramble & Word Search   35
14. Actors 1848-1916 Scramble & Word Search   37
15. Actors 1917-1930 Scramble & Word Search   39
16. Actors 1932-1949 Scramble & Word Search   41
17. Actors 1951-1961 Scramble & Word Search   43
18. Actors 1962-1971 Scramble & Word Search   45
19. Actors 1972-1987 Scramble & Word Search   47
20. Artists Scramble & Word Search   49
21. Authors 1835-1907 Scramble & Word Search   51
22. Authors 1908-1971 Scramble & Word Search   53
23. Aviators, Founders, & Inventors Scramble & Word Search   55
24. 2015 College Hall of Fame Scramble & Word Search   57
25. Entertainers Scramble & Word Search   59
26. Military Heroes Scramble & Word Search   61
27. More Famous Missourians Scramble & Word Search   63
28. Musicians 1890-1927 Scramble & Word Search   65
29. Musicians 1928-1962 Scramble & Word Search   67
30. Musicians 1966-1985 Scramble & Word Search   69
31. Negro League Players Scramble & Word Search   71
32. Negro League Players Too! Scramble & Word Search   73
33. More Negro League Players Scramble & Word Search   75
34. Missouri Symbols Matching   77
35. Missouri Symbols Too Matching   78
36. First 17 Governors Matching   79
37. Last 17 Governors Matching   80

38. Largest 15 Cities Matching   81

39. Missouri State Parks Matching   82

40. Missouri Counties Matching   83

41. Missouri Counties Too! Matching   84

42. More Missouri Counties Matching   85

43. And More Missouri Counties Matching   86

44. Even More Missouri Counties Matching   87

45. Still More Missouri Counties Matching   88

46. Branson Attractions Matching   89

47. Actors 1848-1916 Matching   90

48. Actors 1917-1930 Matching   91

49. Actors 1932-1949 Matching   92

50. Actors 1951-1961 Matching   93

51. Actors 1962-1971 Matching   94

52. Actors 1972-1987 Matching   95

53. Artists Matching   96

54. Authors 1835-1907 Matching   97

55. Authors 1908-1971 Matching   98

56. Aviators, Founders, & Inventors Matching   99

57. 2015 College Hall of Fame Matching   100

58. Entertainers Matching   101

59. Military Heroes Matching   102

60. More Famous Missourians Matching   103

61. Musicians 1890-1927 Matching   104

62. Musicians 1928-1962 Matching   105

63. Musicians 1966-1985 Matching   106

64. Negro League Players Matching   107

65. Negro League Players Too! Matching   108

66. More Negro League Players Matching   109

67. Word Search Answers   110

68. Matching Answers   144

69. Find More Books by Emily Jacobs   149

Missouri Symbols

SIHBAEMYP RSISISIEOMNUS

_____

HEDTEOETR OXB EULTRT

_____

UIIOSMRS FOX ETTROTR

_____

HCRFASIY   _____

NEHEEBYO   _____

HBIEBOTW UQLIA   _____

ICRDONI   _____

AERNEST LUBEDRBI

_____

EHPDSIDFLA   _____

UMOISISR UEML   _____

FLUOLRBG   _____

NLCHNAE CTIFHSA

_____

Missouri Symbols

```
                    R G R F A H Y N N V
                F U V H D Q S U K S P F I C U Z
              Z X L Y S Y A Q B C H I I J Q E W R F Y
            L N N V K U C P S M F E N X F I U E J V J T
          T Z F N F L U R A X U P V E M V L E H R R Z P V O I
        N E O L N J A J P H U W R O B E L E L L T Z C K G A G B
        Y J N D H Z N O W C B D E P H Y X X A R G D H O A K Z J P P
      X C U L K F L Z U J T K I O Z B E E X Q C X A D D A D N A N Q R
      O M T R D K R N A G G S E A W E N C W P D N O I A S G U I Z M B
    D K Q D H E T E N K V X Z C I L E O U X V N H W Q A P C L D L T M Y
  N F H O S L S Z N D X P E N Y T C J H Z D E E G X V M H W T M S U I L T
  K T G Y Z I I S H F B T Q S R U C S H X L A D U Q G Y P B D S J Q S W J
S C Y C L H C L X I A D B R U N C S A J C J R R S M S G X U N O I R S U V D
Y A X D I M Z J Z N S L P T Y X T R D A Q A A S V G K S G W X E U C O D K W
Q R J O E M I E L V C N X E H B A Y T R W J K L O M I D L D W V L O U O S X
N O M T L O U I Z T K Q O E Q Q P E F U G I H U J M O A G E N J I H X R F S Q O
T T Y T Y S A N F E D B G T I I A I A N A U B O V U D O R C J A C R D I J O H W
M M G D A Y M B A N D T W V X R S B W M R L H E S L U G R H U E U W B F Q V U X
N U W K C N G O A E N K P C S H U A C Y G A J J U V J H F Q C Z N J J O W I B B
Q Q Q W U U P S O I A V G M M Z P O Q Z O P O D A L G S E S J Y Y X H X H W R V
X X Z E V Q H T E P Z F H B O R G A S S Z B K I Z P B T T L L H P W R T E W W T
F B D X G L E Z Y I G B U T R F F C O S Q T N B T K I N N E C G F C O R S S R F
D O E N D E T M Z L X M S I X V F L O P I F B T B H C O R Z J E A W U O Q N W C
B X L P R H F I E O W U Y M M X O F R B M M U Y W P H C Z E V P D S X T T Z T O
H Y Q H E K Y Y F I F U N R Q E W D S J B J A B T E R Z W W T I H R F T K L I L
  T T Y U V W Q J X G Q T B R X S U B Y H L O M J I R Q P I M S E L L E N W R
  Z Z L U C T B E T P G D Z E W Q A L C W B N C E Q G K P L Z R A N N R U S Q
  H Y Z I P K P Z L I Z A B O V D U D U C I I G D B O B S P E F V E P E D B U
    V X W B E N G Z L E Z R T K P U F Z K P O V B B I C G W Z D V A N Z U S
    H S I F Y A R C W Q U G S F W Y G C H L V M L N S S R A U F P O W L Y F
    N H Y G Q X J W F J K J A Z M X Z R N U E O L F H P V W A G M L U I
      X K V X S M O Q Z A Y R R S H R T E G L B L U Z E M Y H Q X F B W L
        P Y C H Q U E D J M Z W G Q D R G S S R A B A J O F H D R E T N
        J G R T R D Y J E G E W M C K P C W D I X E J J U H O M U K
          F S P Q Z G L B B L S S B N R Z G V J P N F J K G F K U
          V E B B R X A T I M R Z I E L U M I R U O S S I M J
            F F E Z C F N F Q T N V R Y B L B X C N E S Q L
              I Z E W X S Q O H E I X B N W A L X Y K
                M R I S I O C F W P D L O A W Q
                  D X Y K B V L I U Q
```

WORD LIST:

BOBWHITE QUAIL

BULLFROG

CHANNEL CATFISH

CRAYFISH

CRINOID

EASTERN BLUEBIRD

HONEYBEE

HYPSIBEMA MISSOURIENSIS

MISSOURI FOX TROTTER

MISSOURI MULE

PADDLEFISH

THREE TOED BOX TURTLE

Missouri Symbols Too

HIWET NHORTAWH OSOSLBM

_____

EOGRWNFLI WODODOG _____

SISOIMUR AWLTZ _____

TKRIMZAEO _____

VCAE TESAT _____

IEC CEMAR NEOC _____

BCLAK ANULTW _____

WHOS EM EASTS _____

ESAURQ _____

DFLIDE _____

NLAGAE _____

BGI TMEUBELS _____

NTRONO _____

ILKM _____

EOSRNFJFE CYIT _____

Missouri Symbols Too

```
            N L T
          P B H J
            C W A N
              X I I D
              Q W T V
M O D T F G W        H Y E A        I Z R F W B Z T
  Z B A U T N J J H    J R S I V N Z    Z X F Y A R E A L W
    U P J C W M J I Z T I K N F K L T R E U C M W Z U Z Z M Z J
      L D Z O C E N M E H O D T M S M F J K T Y H D C Z B G I L E G D
    X B L Y I H T F U H X O K E T K Z O C B F P N F M Y I J F F P L
      F T G K Z S Q Z I T U W J B O H Q K M A H T F G H X R T F E O B D B
    G K S J P W J Q R X K E Z N V O S A Y F T Z Z E H E R K E E V A M X Q H
    Y R U X M V W Q F J T R Q J A E M X W F C Z N A R A A R D E S R N K C A
    W Y S W I N K S N A W R A J F W Q X V T U O W Y O T S X Z O I P D D Y F
  G N E K B N B M N T H Z T J Z V W J Q C V H R G P J O Z C I M S O C R F G S
  N S T K U C I U S A P J U N F O K O W G M F O I Z N L A M X I W M Q S X B E
  R W K E T D S E E L G B O D B X M H Q B I T G R C C I P F U I E K M N M L N
Y Q P M Y J F M N Y A A R A C E D L R D O H K H I N B G E F X G P X O O E X I X
T F J F Y I W Q H Z I T N H M K S O K T L O S T R K B E B E W W B F G J T T B L
S U S O P O I N C N O E S E K T E X O Z L S Y N T Z A L Q Q J V U R V C S N W I
K J W B H I S A U N M O O K L S E T C W M Y I I J A A K A O L N M F T I H E H U G
F V N S J W B E T T D W C G H A S D U N G M U K C G E J Z S Z P T R G P U D Z K
H B I V N A A O L L Q M E S M E G I C Q J O I K K O P F H N S U B Z M Z L R Q B
L A O N J H Q N J D O N O K I G X N T T A J D L W X O C D H P O X R X L B Y Q M
W G V U R X T F O A D U S Z S F G J V Y Q J X G O W C V W N R N M O M O G X R E
B Q E L M U T X T P U I X Y S B M D V T H A N Y N M H U F F L I D R Z J I R T U
C P R B S H I Y E N Y I F C O E K Y X C S X M T U I M A N T C I M I G O B Y T H
I T S N Z L M B I F D R L M U N O L E Y U L Y S U C R H D E O P K Y A M R Y A P
M R M L C C G H B K I S Z R J O V K I M W K E I N F E C S X W L C K Q I N R
L U G G A E W L B G N J I I Q I W I U H X L I G S L R W J X A D B E K K P E
S K P U B W X V R R O C Y W H Y D O V R N C X A I E A Y O Q C Z T U A F P U
P L U I B X M E S L K V A W E R A U Q S J L I A H U W G L I S U I X F P
G F K Y M E C E T Q Q C L X O I X P F Q O K M L J S Z K F F Z W D D X L
V O E T V G S J A O T T M K E O Y H G Z C K R S U X H C Y I L V W I
  C U R W R H A C T M Z J F W J O P T O F M O G O S T Y A S W Y S E
  G L U F G M Y L I S Z U J N D H K N G B M Z V K H R Q I L R Z B
    X K L I M S X P P E Z L R Z Q E K B H Z W R O H D X I A B O V
    J Z P O X B Y N Y U V P C O E P N U C Y O V Z I O I Q K W I
      E N X B S    B N F A O T R J R S T S M    P Y Z E R T
          H P P C D K W C K D G
```

WORD LIST:

BIG BLUESTEM

BLACK WALNUT

CAVE STATE

FIDDLE

FLOWERING DOGWOOD

GALENA

ICE CREAM CONE

JEFFERSON CITY

MILK

MISSOURI WALTZ

MOZARKITE

NORTON

SHOW ME STATE

SQUARE

WHITE HAWTHORN BLOSSOM

First 17 Governors

ALHL   _____

PLOK   _____

LDEYNOSR   _____

PCREI   _____

WTAERST   _____

AUERMADMK   _____

GBGSO   _____

RDWADES   _____

LRMEIL   _____

ACOSKNJ   _____

GMLEBA   _____

ATESB   _____

DUNINLK   _____

NKGI   _____

INAMRC   _____

ISAMILLW   _____

First 17 Governors

```
                              A
                            R K I
                          H J R Q V
                        D Z R R R Z O
                      X L J E W I W X V
                    H O Q L K A A E R O S
                  H U R L T H J D G F M Z K
                A E N I L K N U D R A G V M I
              V N K M Z O D D E X I T O L C Q K
            J G W C R T D Q Z O L N Y Y T V G G Q
          P C T N R O A W F R L T S E D T G L S O A
        N T O P X I V N T M I L Y T G F H P Q W W L T
      K W N G Z O C K O X W H G R A R V Z K J V X K J R
    B W T H G J R Y Z S E Q S F M A Z A T D T I N X N W N
  P M Q P P O P C E O K Z L K B F V T K W G B Q G V H Y Q M
O Y R Z O U W I E U G C N V L P U P R I C E G W Q B N Z L M A
U S E X B L Y K B P C I A K E L E O R V Z Q S T S Y E L F U I A S
G R N D A Y K U O Z O C K J R V M K C X G K K B Y S C E X K O I W W X
J R T J P R R Z G J H S J Q C Z M H U A V M K T U S P D A J A S L N E S I
    A A G R E              W J D X V              X U R D T
    Z S W U X              K R A M S              Q D I B E
    S W Y D F              T I M O B              F Y A E V
    W D R T E              U P R O O              B E N S B
    T S J Z J              B S A U R              Y V C G Z
    S T E U L              K F M Y Z              E L M A N
    W L I G T O D S B C Q L H U R R Y J E R Y B O X K M G
    L G I T X Z F Q K N X U O R W Q L H N R E I N B K D Z
    M R A E R L Q B Q D H I K B J M O J G K O Y C H A G B
    Y D J W Q F C H Y C N A R A K L R S Y B A Y N Y O L R
    K M I W Z          M V L D J R L R V U Z P O J D T
    Q M P A D          B Q E A G N V          W L C B
    E D N B F          Y D L I O L K          T N D A
    N M S G V          A Y D S M J Y          T B H S
    Y W U E C          H L K A B A Y          G U Z O
    B V C Q T          Q C A Z H V D          P A Q Q
    C U O Z E A S T B V E A L R C T K G    Z   F T S Z
    M K U L V O B N X V J B K A B T N H        A K X S
    V N V L L A H O Z H H B H B T J V A        G N R G
    H M X P A L K R E M Q Y N O F B X I        B T R E
    W E Y T O Q Y S Z O W E C Q W Q T P        S O V W
```

WORD LIST:

BATES	GAMBLE	MCNAIR	STEWART
BOGGS	HALL	MILLER	WILLIAMS
C JACKSON	H JACKSON	POLK	
DUNKLIN	KING	PRICE	
EDWARDS	MARMADUKE	REYNOLDS	

Last 17 Governors

NHLEOD   _____

OBDN   _____

IGEESRTN   _____

NONYELLD   _____

NLEODNL   _____

MTIHS   _____

BAILR   _____

IXNON   _____

AOTHRCFS   _____

DTNLOA   _____

AEAEDTSL   _____

UTNLB   _____

AANNACHR   _____

DONB   _____

NNLODYLE   _____

WINSLO   _____

EAESHNR   _____

Last 17 Governors (2016)

```
                        U
                      T   E
                    P   P   R
                  K   U   W   S   Q
                  V   R   H   E   P   I
                E   V   R   Q   N   X   A   U
              S   R   G   U   H   R   U   B   Z   J
              E   J   Q   K   T   A   O   K   O   L   U
            Z   Y   E   Q   Y   K   E   D   O   N   N   N   Z
            T   S   Z   Z   R   L   H   W   W   U   E   D   K   E
          S   L   C   F   K   B   D   F   X   F   R   D   B   K   Y   N
          T   T   K   X   S   H   Q   N   I   M   K   L   Z   I   V   U   P
        Y   C   K   L   C   C   T   H   Y   S   I   M   O   S   N   Y   U   D   U
        T   C   Y   R   F   V   M   Y   P   H   M   W   H   Y   U   A   P   D   F   A
      Q   N   P   V   A   E   L   J   Q   B   U   M   N   R   U   T   N   O   S   L   I   W
        D   A   D   C   E   L   G   X   U   D   C   E   I   U   E   J   N   Z   Q   R   Y   S   G
      N   F   X   U   D   I   A   M   Z   Y   B   P   A   D   C   F   A   V   N   N   K   C   S   Z   V
      G   H   H   L   S   I   D   R   K   Z   U   L   F   E   Q   O   H   L   W   H   D   X   B   N   Z   W
    N   S   U   B   Y   W   E   S   I   M   I   B   C   D   N   S   A   M   Y   R   V   N   V   N   O   A   Z   I
    P   X   N   A   A   Q   G   A   Y   H   I   P   T   A   X   B   Z   Y   T   F   V   H   A   D   Z   N   T   H   B
  N   G   H   C   E   H   G   T   E   M   V   Z   C   N   W   J   A   K   H   L   W   X   W   O   M   I   K   D   A   S   O
  O   Q   M   N   C   T   N   R   T   E   D   B   U   C   Y   E   P   A   P   B   L   A   Q   V   W   M   H   K   G   O   Q   O
Q   X   J   A   L   F   V   I   U   A   A   Q   A   I   Z   R   Y   J   S   X   U   E   E   I   D   P   I   S   Z   H   L   C   K   M
O   I   V   H   L   E   V   X   E   Z   X   Y   M   Y   E   X   N   O   T   L   A   D   S   N   V   Y   H   G   M   G   C   P   E   A   E
C   R   N   W   F   G   Z   B   P   B   R   C   H   P   Z   S   H   X   V   V   Y   D   H   E   O   N   R   L   K   Z   L   P   N   S   O   B   U
O   W   W   N   I   L   Z   P   T   B   Y   G   A   P   U   F   A   I   W   D   M   X   N   I   K   A   O   I   F   F   O   Z   F   S   L   T   G   B
O   R   A   W   G   T   B   D   V   O   N   R   M   B   Z   G   M   Y   N   O   M   H   P   Q   F   X   H   F   D   X   I   R   I   V   Y   K   X   J   C   W
                        B
                        W
                        B
D   B   V   M   T   E   I   M   U   K   K   E   Q   I   S   J   J   J   Z   Y   F   S   C   X   E   Y   M   V   M   W   A   Y   Q   P   B   D   F   D   V   K   O
A   V   F   Q   T   K   O   B   D   R   X   C   B   E   Z   G   D   M   H   E   P   V   A   S   B   R   M   C   Y   K   V   L   Y   A   O   O   N   T
O   L   T   T   X   I   V   W   L   P   D   O   N   N   E   L   L   Y   F   O   M   H   N   S   Z   X   Y   H   J   Z   E   U   Q   N   X   G   I   E
C   W   D   N   U   E   P   X   P   N   D   J   W   H   W   V   O   G   Z   C   H   N   I   H   A   N   B   Y   L   P   X   N   J   Z   Z   M
A   X   R   P   U   N   I   I   U   B   T   I   F   H   Z   F   J   X   S   D   H   N   S   V   C   R   S   U   V   O   E   A   B   H   Y   K
L   L   D   Q   L   S   A   A   H   B   N   T   L   K   N   A   H   A   N   R   A   C   G   H   R   E   S   W   L   Q   C   B   A   S
F   W   Q   Z   M   B   F   M   G   V   I   N   E   N   Y   V   G   T   N   D   F   G   A   S   K   O   A   L   U   S   S   Z   D   F
D   S   D   F   R   Y   Y   P   M   C   X   S   U   Q   J   N   H   S   L   K   W   P   Q   U   Q   F   G   G   Z   I   G   D
Q   F   V   D   K   X   X   S   T   N   N   A   X   S   U   X   C   B   N   I   R   R   U   V   H   D   T   A   E   V   Z   L
```

WORD LIST:

ASHCROFT	C BOND	HEARNES	TEASDALE
BLAIR	DALTON	HOLDEN	WILSON
BLUNT	DONNELL	NIXON	
BOND	DONNELLY	P DONNELLY	
CARNAHAN	GREITENS	SMITH	

Largest 15 cities

EFNJOFSER YICT   _____

LESCDETRHEIF   _____

PJNOLI   _____

ELBU IRGPSSN   _____

ATSNI RSTEEP   _____

TANLLOFAO   _____

LEES ITUSMM   _____

MULIABOC   _____

ASISNLRFTO   _____

SITNA ECAHLSR   _____

EPCENDDENINE   _____

ISGLEFRDPNI   _____

TS SUIOL   _____

KNASSA CTYI   _____

ANSTI OEJHPS   _____

Largest 15 cities

```
            U S W M W Q                              A J G L S F
          Y M P H U Q B G L                        A G U P Y W M L B
          L O Y R R B F C C Y I                    O P J N G U E V Q M D
          X E B R I D U I Q S K Q L              W T W W O W A J J R U G K
        P A J B D N C Q F O T O P X U            T O K I X A I B M U L O C U Z
        N X R R K G F Y F S T K Y X O            E F N G Y U G Q J S N H O L L
      Q T T P Y Q F L T L Z T D D U C          U M D W V G P S X D J O P L I N F
      C A T W V R I T R K I U L M F O N T      C E E N T P E D A D T H L G G R Y R
      F Q Z X T F E S U A Y O A O W L T L Y W P I P Y F U G I H O K L S Z A E B
      L S Y C N Q L Y F B J Y Z M U P O E N E R V M U A G L N G F G A V V E L C
      K J S C O O D E F G I T L N W I L R N F Q G N U Z I G T W J Z F K X G B O
      O N I P T F Q O N Z L A T P R P S D I Z J J S R G M P C Q Q H O O M A Z H
      Y T X V C K R D P I G Y H N S F E F A S Y X R W M K E H U X W A O E J B T
      Y Y R Y H G Y H U F X D Q M K N S C I Y S S B S U R P A Y I K N N I B R X
      C L U G P I P Q O Z U A N Y C B Q N Q A T A B P T V O R L U S R O L K D D
        T P F E L O S N C B M B E D K B Q W T M K N Y H F D L C Y T X U U V Y
        T Q B H W S T H W U F I N L Q J M F Y I M Q T E K X E A U Y E C J G U
        B U Q I R T M L Y M J X E U B D M Z L J R G I N Z N S J S S J M C W S
          C O L B G M N C M T L D K H G D A O D B Z C R H E S D P Y Q A Z E
          M I Y G D B T Q L D U E G U H Q Q T L P U N D Z C H R W A N H O U
          M T Q K D L E I F R E T S E H C J C W W O M O K I B T X P Y L
          J T T Z E T T N W A J W C W J Z I E W H S R T N X E Q E U F T
            M A V D Q E M X F S A S K O Y X T Q I R G G V T G S V C D
            S V Y E N L D N B Y R T Q S U W E Q L E S F H G O D M Z D
            Y U W F S W I X D K E V X T D O J L F I B S J B L V W
              T M G I Y F E N W X T F U R R S P F W M T L Y L O
              I G Z U S T H Y W L I E P N T K F E X N Q Y K E Z
              S D L V A I S C Z M L P K S G A J I D B V W Y
              V C S J Z C R Z M P L T C M L A V B J Q M
              K V S W O S K U W H C N R S C N D B O
              K I Y Q V A S V E I T I T Y W F K
              J Z T E U S R Z H B L A J F X
              S O E B E N N Y A V N S Z
              X Z L E N A P H H M I
              Q M L G M K X L P
              F P X Z L S E
              A R K V A
              A R K
              K
```

WORD LIST:

BLUE SPRINGS	INDEPENDENCE	LEES SUMMIT	SAINT PETERS
CHESTERFIELD	JEFFERSON CITY	OFALLON	SPRINGFIELD
COLUMBIA	JOPLIN	SAINT CHARLES	ST LOUIS
FLORISSANT	KANSAS CITY	SAINT JOSEPH	

Missouri State Parks

AMS A EAKBR   _____

NWAH   _____

TS JOE   _____

OHNSJOSN TIHSNUS   _____

NRPSGEHI   _____

UAMT KASU UITMNOAN

_____

RMCAMEE   _____

TENBNET NRGSIP   _____

RTILA FO REATS   _____

VEUICR IVERR   _____

AH HA TNAOK   _____

PRIIREA   _____

GNROIAR VRERI   _____

NOBK OETNSR   _____

STUONAHD HLLSI   _____

Missouri State Parks

```
            B A O G H W O D T P
          G B N U E U I K M S Y N W A H N
        L Q J Z W A Q K M N F Y F N K K A L A X
      E S N R O T Q Y S K A U D H K P V W V K D E
    N K R E L J L I J X B L V P F X E N Q C G I S D P Z
    I O J Y G R N H O M F U R L N H D A F Y L S P S K R X O
  W E U Z Y Z P P G W H S O S X I A E T T D A A G K U F V O V
  D Z I R B U F K Q P I J A Y S W R H M A L U G R M I I T C A N V
  N K R O P G E E X Q H R G Q T N S X D K H S S V Z P C X H G Q P
  S I W L N T J O N W D I B T A J H B I H N R P J Z F G J F A E Y D Q
  C J B S T A I F L V Z N J N S Z O K L X Z A A V P P I W J L X H D P G B
  M D N N Q K Z A U P G N M Z C X E R N G E O V S X Q R F C L Y H E M V K
  O E U S I Q T O C T R H F X P C B A K W T C K J B U A U Q P C W X D S G B K
  L D L G T D R J Q I N F U Y M J F K E F L G N T V E O I V O C L O G I V D Y
  W Y Y L U W T Q V Y G U Q X S J Z X O M Z G I Q C B Y H X O D A L S E H C N
J R B Y U H E R E Q U G J O G G Y B L A H L B M S L E F N T H R E J G K P U B Y
M W K L C S F R M U X N X V M K G I P H H E R B X T Q A N I H X H M F M B I Z J
N C S S X S D D C R S I F L O K A Q R J J N Q I M D J F P P N N H N Y Q L V V V
C X U T B N T M B S A R R W G R U U Y L M K K L M O Q P I C T D Q I I Q W R B F
B A X G E O V R H N P P X O T M K A F K O I U Y J T T D I U S R G G Z Q U E C S
R W U X K S O R R E T S O N B O N K S Q I S S Z X G U I E V L I F R I P W R D Q
E U N X P N J Q F M A T B Z L X I L K M S K H J U K C C J L C E V Q G X W I X Y
D B D C X H N W L A N T W L K T U V C Q U T L X N B I O T I V X E I S Y R V V V
D G P F Z O X C P R M E L Z J N S X E S R A F J H D A Q F Z V X V G T Z T E L A
S M Y M Q J Y Z W X N N Y N U H O Q C Q Z T T X L W J C W S V X J L I F C R E B
  U E V D H B I I F M N Q B K X S O L T J B U V H A Y L D Z D L X X L X D K S
  R W R A U M Q K K T E Q K Y K G X R V K Q V X K G X O O X N T A S C A T A V
  P Z W A U Z Q Q K V B B D X P E N W P T Y J E N V T O T V X E T Y T Z M V P
    J Q E M C M W P G F S D V M L X R Y K Y W P H U N U R Y B R C K C A P W
    R S P N E U E K X Q W K K R A A I D U Z M S G Q O B O L Q R G X B T S K
      R V U P C W B E H Z F C T I K F U Q H I S P Z L X P F O V L A C B W
      Y B U G U N T A X K J U R G J N M S X F D N A H C G Q G J K W E T W
        U Q A Z M X G N U I I Q X T S O C O Y T Y U B Q L N P E N W L Y
          I C Z A C H M Q E J R Y N Q V T Z Z U Q A K I O Y R O M P T
          M X X A C R Q C T O I T I U N A Y S U N K Z E Y D A Y B
            Y G I M N O C T R K C O P R S H N S N J O O N N Y H
            A H W P E R S H I N G D N A O A Y L J G J V J P
              J Z R P Q V X Y I L H V S B H E I M Z S
                P G N S G S T V S L E O M F L G
                  R R F L B F G I M J
```

WORD LIST:

BENNETT SPRING	JOHNSONS SHUT INS	PRAIRIE	TAUM SAUK MOUNTAIN
CUIVRE RIVER	KNOB NOSTER	ROARING RIVER	THOUSAND HILLS
HA HA TONKA	MERAMEC	SAM A BAKER	TRAIL OF TEARS
HAWN	PERSHING	ST JOE	

Missouri Counties

EARWNR

SAERIM

KFLNNIAR

LERIML

NLICNLO

RAWFCRDO

ISTNAE VVNEGEEEI

ISANT EHRLASC

PHSELP

GWINHSNTAO

TOGMREYNMO

ESOAG

EOLC

ROEJSFFEN

NAGCSODAE

YACLAWLA

IASTN SNFRICAO

OOBEN

TANSI LUOIS

IUMEOANT

Missouri Counties

```
                              W O D
                              A B K N
                                D Y R N
                                  S D O X
                                  K Y T J
          U O D L V O L           B G G D            B D D C X M R W
          A G M W Y U K G L    N P L N G F O    N P E G F B B P R K
          R S I E I A F F M P G Z P Z I D R O K F R H Y W N Y T H L Z
          A L C O L E L E M S C H S F J H P K U S I O C N A R F T N I A S
          K Y E X Q S F L E T B M V B U S S J S R D Z S J I A Q Q O N S K
        A B R H U X V Z O E K E L R G C A U D L U Q L A C O A Y Q Q C O D X
        U P H A V L C S Q H I R J B Z U W W X E B O W R Q W Q N E O V O H J Q O
        T Z A L J N E D R O F W A R C Z W R D E N W B F B F N V I U N L E L T V
        H B L Y Z D Z L T D C I H I E R R A S R G T I I X I W Y L L X N Q O S I
        K Z P V H H U A H A E E R Z V T L N B E U J G K B T A M L S K K D G D V R N
        N C I W Z B C G Y M F Z B E H T O M T K I M B D H S N M P R C P N E M I R B
        G X P W Q E H F B F N Q I F P C P F C O L L D D X T G W N J P R L A L W Y W
      B K O X X F A E H K M K V Y X S H Q V I O B Q T B T L Z Y L F R E D R R S F S V
      M J P L M Z D K G R W E Z Z A H D E J Y K L A V U U O I O N E R E X Z Z F E K A
      P E O D X U R X U A N Y A G H W J B L P K T V D E J T Y O R K B M P D V V Y E A
      H M M Q U H Y I C E S Y U O A M X G J P F V F J B I F S C M R A R N Q Q X S W A
      F G U U W S F I G J G O X W M R X X J I S Q K O M L E B L G X O G U J N L C D J
      W M W R G J Z E R L Y M T F K G F T E L E O O G F L G U E T R U A K K K M S I Z
      E O M Q B S T Z W B A R D L Z P T E Y P T N E K P T Y Z K O V E S K Z M Z J H K
      C O M J P N J M H S U U A D S J P P L U E Y G R Z T L A C B H M X F S E A F F Z
      Q T O L I C R C B Z C Z A W X S O I I Z M R L Q F A F F X V N O S R E F F E J K
      R T N A Q Y A Z C B S P O W K E P F V W B E U Q P B O S R U G D P H Y U A H A J
      X K S P Y R S S F X R W L I Q L S Y U G J M U G T F W U X S E S M V X G X I E A
      K E M V Y R Y C C E M B K M R H L T N K O C F M Q O U T E G L N O V R F N G
      V I I K I A L E W N S W S E A O L P Z U G Y V F P A C S G U L N H B Y H Z F
      H J K O Z G W X D N D T T I H C H Q G T T C F L E M V T Z X M G Y Y N V C M
        U K G X I F A F H U A N M C Z R V E Q N M N T B W P O D F F Y F W B M A
        I W Z E P W R L N Y P G B T N W T L X O U I V Q N E Z X K K O K G Z R L
        D A B P K L L L I T I J N L R Q Y R M N R M M O J D G A I R R Y I W
        Q S T B O E W A Z G U I R E K C R O I Y N U B J W U Y B O I E W Z
          E Y M F V B H P C K R A A K P L M W L L O S K B J W G T M S C B
            F C C W D G V R V Q S S X T U Y E Q S N M H J J G K C X C N R
            L M V K G Y A Z C L N E R R A W L O L E A S O Z W B K U E J
          M V Y B F    Z I S G K F N D Z F D P S    E T D D R S
                  H D O L M P Q N F Z X
```

WORD LIST:

BOONE	GASCONADE	MONITEAU	SAINTE GENEVIEVE
CALLAWAY	JEFFERSON	MONTGOMERY	SAINT FRANCOIS
COLE	LINCOLN	OSAGE	WARREN
CRAWFORD	MARIES	PHELPS	WASHINGTON
FRANKLIN	MILLER	SAINT CHARLES	

Missouri Counties Too!

IEKP   _____

ONXK   _____

NARDOHLP   _____

ACRKL   _____

ARDIANU   _____

SVULNIAL   _____

ELWIS   _____

ASRLL   _____

IRMONA   _____

OAICTHNR   _____

DAIRA   _____

CUEHLSYR   _____

ILNN   _____

AOMNC   _____

NLTACOSD   _____

OROMNE   _____

LEYSBH   _____

MPUTAN   _____

Missouri Counties Too!

```
           J G K C U E                          S H M P B X
         M I R H W L J E W                    S D B Y X B I W Q
       I W S X W I L K P A Q                  K S U L L I V A N A C
       I R T Y Q N C T D A F K K            U R N R R P V E V Z G R D
     V H W N I Z K J F J R B D L A          R B O D M J A F T A M C J M S
     W I U L V R C C M R H V Q I N          N T I N S Q V N T Z R F B K J
   M M U E O C O H W L L Q V Y M P M        C I R W A T I X S D X W I S Q X Y
   A Q R X H O A H D L J N K N Y O L P    X R I H V L H P H Z I O X X L D F Y
   N V A W J A B J B I T W W K H E N A N A X S Q I T M R D H B Y L F F A E O
   T K L E R I M I C W U W M F B R Q R H V C C X U O V X H L S Z D P L A U P
   U A K H X Z F H I Z X X T O W H B C O F H Y H P C G Q K C S T C Q H B Z U
   P I V Q D G S D C H W B M U O W J V Z E C E Z L S S I H B Q E A U J R O P
   P A E R H U Y F E K G P W N H G T T S D M D K J J N U R J X H U D W P U F
   X B F Y Y Y T B K I P A S Y A I N I Q Y Q A X U W Y Z N X E V D Y A U F D
   M K E Z O N F G L I H D T J S W W K R A L C E C L C O B L X R R S H Y P E
     E G E G R K M S E F V V Q H E U Y Z I U D X E N W B X O M J A O Y G W
     W U K Y R A V O Q H F K V L C H U E W H R R W F T O A H L Z I S R F I
     K P I L C L Y V L T S A H Z F R M U Y L T C O P H I O V K D N U W Y K
       R W O Q Z G R Y W G V K B S X E H B F A O X R X N E C H M X F Y E
       Z N A K W X U V H R V C P A O M Q R V P Z V D X L W K T T C L B D
         Q Y I L I E Q L K P Z Q E O Y A X K U U G L F X N X T F S T R
         F W T B X X O H L P P I M O B G U G V R B B O X G N F M X A B
         I D M N P U P I Z D P S C T U B P A P X C C Y L A I F L K
         V J J X U Z U Q V S Y O S M C F A X O G K E H X L P L H E
         K W D J S G F E O V B E M Y D J M D P W O X Y T S V S
           Q P J G T T N A K M U T F D C O Q I C A F I X J B
           U T V V N B R Q O O A H B R B Z U U R F M E P O Q
             L V F W G M H S H Z R N S I S Q M M Y M I L Q
             C O Y Y I Y O N B Q I K J K D G H H M Z Q
               Z S B W N V S G G A O Q X O N K H Z E
               G C T U L R L P T G N R C A X D C
                 P O T Q F M C H N R I I W Z G
                 U I M P K S D J H A F B E
                   G M C O Y S J L D B Q
                   X V X F E I W A C
                     K U L M X D L
                       I Y J L S
                         T F X
                           W
```

WORD LIST:

ADAIR	LEWIS	PIKE	SCOTLAND
AUDRAIN	LINN	PUTNAM	SHELBY
CHARITON	MACON	RALLS	SULLIVAN
CLARK	MARION	RANDOLPH	
KNOX	MONROE	SCHUYLER	

More Missouri Counties

NOSRARIH   _____

TYNRGE   _____

NGYUDR   _____

HCBAANUN   _____

RNEAWD   _____

NIASOTHC   _____

ARY   _____

CERERM   _____

YCAL   _____

LADWELLC   _____

RTWHO   _____

NITOCLN   _____

LATEPT   _____

TLOH   _____

DKLABE   _____

AWDYAON   _____

DASSEVI   _____

TNLSIGVNIO   _____

LRAOLCR   _____

More Missouri Counties

```
                    X S B V V T P B D I
                  R H I S K E Y E D B F Q R J O T
                M A F N E M M D H I C W X V N N Y R D Q
                P E Z U I U X W Q G E M R E C R E M X U B C
              P O M O W V I P D C Z A K L T P X C H D M N U F N P
            X J U W B A M Y R P F T I H K V F W W C C W I M E O R E
          T Z Z E Z D M X A T C M T H N K S M F J L V L J V R S N L Q
        L C R L Z O D D X V Q A A C L Z W N D I E V J T H J S I O S B M
      V R B X H W X S        W R O L E U Y M        V L D H O U Y U
    G Q E V B B E R D        I M R E D W P E        U J H C R M Q R U
  W Y S S A U P V A T        V Y E O P E W P        Z F O T J K L V D S
  P E C T C D M S Y Z        A Z U K L X Z D        T E X A F I C T J I
  L V L X H B U O V X E      X M C W Q L E Z        S G L K V C P Y F M O
  E I Q A B I I N T J N      B I R A E K V L        Q Z D I K L B G U U M
  I G N W T Z C F J H B      G Q R T A G H T        O N N Y J Q F S Q T D
H I A H Y J T G G G K B      P L Y L Z F F R        Q G U E C O R A Z L W W
K N V N P S Z E V U I S F A Z P L P B K G J T F H X Y K S O D P X F Q L V J O B
E B V Y N N S U Z N W M W Y B U A Z A Q V N V Z I S X T K O C Q V U C Q J D B U
Y O B E M L V F G J F E E F X R L J V U X M P J G P O P L C C Y N O S I R R A H
H Y H Z B W J Q J R R G M Y A T W B R J E F B H O N H R E L H I N R F Z X K A W
H A Z F P I V W K D U Y Y C L V G C X L T I Y C T R J W E A N I E F J J B M T U
H X E X F C J Q N F Y N S U Y S B M Q S Q L V U Z R K R U Y W X R O Q Q C P E O
L L T V Z K E A C S G Y D D W S H G F B T X A F T V O J Q H Z M S Y W I I F J F
E O L C Y S    T A C T Q P Y R G B A S S A X B M K Z F W I Y A G X    S I V E D X
Q U Q N A V    G Z S J M V N X A G T Z E J Z P G Y G X W N G G F X    E Y R J E T
  I T L W K    L X N G Z R T C H X O Z J G B B F F E I J M X C    H U P G A
  O O Z A Z    Z E D M C Y O K G W B F P M H D C T W X L B    R S Y C D
  D P Q D I Z                                              W F X R M A
  B Y O U V                                                X T F D T S
  I T N C N L                                              U H Q X D N F
  Q B H K O I                                              M O B A F M E
H Q O I B T W                                              M L G O G W H G
      O K J F G N E Q H R I Y X N S J T F Z O R U S H P T P U X V H R
        K Y F X A I O A M M A L Y D P U E O C Q O Q I T C U Q P O M
        K J K B Z L Y J D W Q J Z H J J N A Z A V A L Q E D J W
          Q H K F Z C B U T B S V J V J W F P J I X C B W G F
          P F E I Z J T Z P N F U V A B Q O B G P R D J E
            W D J O J L L E W D L A C D D F J C C R
              F R F R Q M X P Z H V V D G H G
                L O B H L T G B R G
```

WORD LIST:

ANDREW	CLAY	GRUNDY	NODAWAY
ATCHISON	CLINTON	HARRISON	PLATTE
BUCHANAN	DAVIESS	HOLT	RAY
CALDWELL	DEKALB	LIVINGSTON	WORTH
CARROLL	GENTRY	MERCER	

And More Missouri Counties

RREPY _____

ENW DRDMAI _____

NOLERGBLI _____

UDIKNLN _____

APCE GDEURRIAA _____

RERTAC _____

DTEN _____

RBTLUE _____

ONRI _____

WNEYA _____

OAINSDM _____

IISPSMISPIS _____

OSLRDYEN _____

TSEIPOCM _____

SDDROTDA _____

OTSTC _____

OGNEOR _____

NSNHANO _____

YPRILE _____

And More Missouri Counties

```
                              M
                           H  D  M
                        S  A  B  E  N
                     Z  P  H  H  H  Q  W
                  F  U  Y  E  J  P  Z  M  D
               Q  S  B  O  L  M  P  O  X  W  L
            C  D  Q  P  N  C  E  E  N  E  K  X  Z
         S  L  A  T  V  U  R  T  H  E  J  T  P  X  N
      V  O  H  Q  R  X  X  Y  E  T  N  M  B  R  R  H  O
   I  N  T  G  D  M  T  S  E  V  G  C  A  Z  F  Y  B  D  N
      F  Y  C  F  B  U  K  X  E  N  B  W  N  D  D  B  K  R  R  U  N
   F  E  W  K  S  F  P  P  E  Z  R  N  R  V  I  Q  B  M  V  A  P  Y  A
E  R  C  A  P  E  G  I  R  A  R  D  E  A  U  S  L  C  F  O  D  F  Q  Q  H
N  Q  M  T  P  X  J  N  E  I  F  T  M  D  B  A  O  Z  L  A  X  D  D  I  O  S  S
I  M  J  E  E  X  K  K  I  A  D  F  Y  Y  Z  A  N  N  G  S  O  Q  O  Z  T  Z  J  J  Z
W  W  T  T  R  T  F  O  E  P  G  T  U  T  D  I  X  K  M  D  S  C  B  T  R  G  H  N  H  N  H
O  A  O  E  R  T  Y  C  E  Z  W  R  B  I  M  T  S  X  A  E  P  E  M  I  S  C  O  T  B  Y  S  D  Q
E  M  D  X  Y  S  P  V  D  N  H  L  I  N  I  S  P  N  H  A  P  H  U  T  T  B  V  L  W  P  S  I  Q  N  L
H  Q  K  Y  E  Y  V  Q  J  O  I  O  M  I  S  S  I  S  S  I  P  P  I  K  Q  J  D  O  Z  E  Z  A  C  K  Q  Q  D
      K  N  T  V  P              N  H  P  F  R              B  M  R  S  Y
      A  A  N  B  F              O  P  H  Z  W              J  J  R  Q  C
      B  C  E  L  S              G  J  L  G  E              J  A  I  T  P
      S  C  D  D  R              E  Q  I  L  N              X  U  P  A  K
      Z  A  R  F  R              R  J  D  N  S              G  G  L  C  D
      H  R  Z  J  C              O  K  O  L  B              H  E  E  C  L
      I  L  I  O  K  I  A  X  K  M  K  J  R  Q  Z  Y  C  Z  Z  O  E  V  B  Q  Y  Q  Z
      O  D  T  T  A  D  K  W  O  D  U  I  P  Y  L  S  L  X  B  O  Y  N  Y  Q  A  Y  M
      K  R  G  G  N  E  W  M  A  D  R  I  D  Y  W  Y  H  Q  E  T  U  E  Y  I  U  Z  K
      B  J  W  Z  E  W  I  I  A  W  L  Y  F  Y  P  Z  P  D  E  C  A  A  G  A  E  H  M
      S  W  J  O  I              E  R  N  P  N  I  L  K  N  U  D  R  R  W  L  D
      E  Q  U  K  U              W  F  E  S  Y  P  D              C  I  O  P
      Z  D  J  W  W              B  Q  B  L  N  M  A              P  P  P  M
      M  U  A  V  O              R  T  X  E  T  S  R              G  P  L  V
      P  R  V  U  B              S  A  E  G  C  U  P              T  K  J  Q
      M  T  W  O  E              K  A  J  O  K  H  B              O  K  M  X
      I  Q  F  G  W  Z  X  M  X  Q  Z  R  F  T  E  L  D  G     P  N  H  E  P
      I  E  F  E  L  E  K  O  L  S  R  L  T  Z  S  E  X  D        J  P  L  G
      L  U  S  W  N  B  W  G  F  Q  S  B  L  S  F  N  D  P        X  R  G  L
      I  F  J  N  F  O  P  E  F  U  E  L  A  N  Q  L  L  T        A  Z  N  L
      Q  H  E  Y  H  V  B  A  A  O  P  V  E  V  O  B  I  Q        Y  Z  H  V
```

WORD LIST:

BOLLINGER	DUNKLIN	OREGON	SCOTT
BUTLER	IRON	PEMISCOT	SHANNON
CAPE GIRARDEAU	MADISON	PERRY	STODDARD
CARTER	MISSISSIPPI	REYNOLDS	WAYNE
DENT	NEW MADRID	RIPLEY	

Even More Missouri Counties

WHLLOE   _____

LKPSUAI   _____

NNTWOE   _____

AELNECWR   _____

EETSBRW   _____

ALDECEL   _____

IGRWHT   _____

DEDA   _____

ORTANB   _____

AXSET   _____

STEON   _____

RKZAO   _____

ATYNE   _____

YRABR   _____

AERSJP   _____

DSGUOLA   _____

GENEER   _____

DDOAMCNL   _____

THISACNRI   _____

Even More Missouri Counties

```
                  N
                M H
                Q V D
              O H B D Y
              E B X P L L
            A L D E A F A H
          R M F U D J P U U P
          Q M R E A U V D E U V
        F B O B P D L M N W L T M
        T Q H J U S Z Y Q Z A M S K
      R P T U F B R T N W W C O C R J
      W F P G B Z D D P M E L A N E P M
    R B N K W I Y R D I B O E Z Z G D M T
    N Z M N B I E T C G C X D Y Z M P O F A
  G U O K S O A H N C Z C Y E S L D H T U Y K
  L G P Y J N L L H O T Z N G L Z T C F C G Z K
  R G V O A T B F R N Y T A I S E E J E V X F L P S
  E M Y N D N A I I Z X T S V Q E Y V G D C X P A Q N
S E E D R F X S L T B N Q H D R G F M O D R K A J S B P
I Z L C W R T F K B F V P H L U W E Y N H L A M V G P Y A
F Y Q V R N I A H S P U L A S K I O E B O D O A K U N Q J T U
Q S P N D A B H B R O M L D B O Y R P W X A T J N P L A W G Y P
K I X A J N X R B U T H I W L A R Y Y E Y C K P O Z O L N Y V E M G
C S M E Y H O B E W T S I H W Y L W L D I Q Q U C G T D M F Q J T K N
N P T P J Z Z E T X U C L N S N R M L U R A D W M X U Y M C T Y V N M A G
Z K J A N S I Y Q I E N B O C J H T E W Y E Q F G Y U Y S R M N O T W E N B
R T D X A E Q R B D V O B Y T T M E U Y J S J U Q M Z P G X G Q Q X T Y M Z U A
                          R
                          A
                          B
J Y C R F M H I T M X J T O U H Z C I D B A U R E D S F I N S C N Y W K R P N Q
S T E F U V P T C V E H W U H X W H E L J C E E P Y C Z O P N D W V I W J V
T V P W B U N E M X S X I D U O F Z P T G C Z S N Y K G F C P E W R I G H T
  I S U J I K R A Z O G A C G B B N D K N N T C U E T R B P B S Y K M S L
  U A P F K L S P S I Y Q G E W S W U E Q V G P J W E V P S B Y L B Y R H
  J O W G U J U R Z T E G L A I C R E D O P L P R F R T O U L Q M M Q
  W J K N A O I Y R F Q R S U T W Q C O J J Y Y V C E G W L U O A F Z
    U F L M S P J E G P A K P A M I C V R I G T A R O I O N I Q D C
    O Y S Q J A I L Q Q B C L G Y Y X Z Y Y N W E Q K W X Y R Z L H
```

WORD LIST:

BARRY	GREENE	MCDONALD	TANEY
BARTON	HOWELL	NEWTON	TEXAS
CHRISTIAN	JASPER	OZARK	WEBSTER
DADE	LACLEDE	PULASKI	WRIGHT
DOUGLAS	LAWRENCE	STONE	

Still More Missouri Counties

NOGAMR   _____

EACDR   _____

HRENY   _____

CMENDA   _____

SETBA   _____

LASADL   _____

ESPTIT   _____

NSITA RLCAI   _____

NNEOVR   _____

NEALIS   _____

LETAAEFYT   _____

CKJONSA   _____

CYKIRHO   _____

ASSC   _____

ARDOWH   _____

PEOROC   _____

OKLP   _____

EBNTNO   _____

NSHOJON   _____

Still More Missouri Counties

```
            A W V U S X                    Y T W C L E
          T E F X L S R D T E            T C K M Q V J C A B
          T B J T Q K E N L N F T        Y H Y L H H W A Z X V U
          Z F W V V U O E F D O X M      G A G K S G X M N A A W T
          K N T D O R L L T S D F T      Q N V Q R U D V J A C G I
          G R A N I L X Z A T Y Q X      T G A C F E J N R I L S I
        F O I Z   D Z M I C D H J F I G S  W K L Q N K W U G M M O   E V F M
      V J I C L I   E V U H K T T Y F D R   Y I W T S K A V O T W   E C B C E J
      X W V X Z O V N E I G E W M I O U F    J M O U F Q R J V A S D J C O J G T
    X L S S P J P O E T P H C C Y L D S B    V N V P D H S M L Y A V X A S E Y N F
    U F Z V G O S C Y V L H L G O E M U Z    H Y D B L E A O M K Y I A C B O B L P
    K D M I W I D J O L Q G T X A U A E G    B T A O D A W S L H R M P K O F Z W P
    T K E Z R H F T A U L Q Q G P G J X Y    N S S Z K V C A U T W N W D X A T N V
    S P Q R H X G H Q Y T G B O T A P M A    Q A Z U O H G A N G J B S S E Y T X U
    X P A B Y M S P R G S D D J F I C U X O G R U B D B W X Y A A O R A V I L O B P
      H T U M R L S B Y Z K M Q E L W L O U N P C R O T F A B S L M I V O Q F U F
      H D R A E U O R H Y L S V O A B K I E L M M O J C D V Y O K U J K N K N H Q
        W M J C B T V G L H P T W D D U F N T G N N K R P T T U O H J D E X Q Y
        C M J Y U Q O B X R W T E B F W M T V E W N H E J W T A E N S H O P
                  Z S J F D V I O E L Y I
                  U S T F C L S O N X T K
      R R C J U T S E R V A R D Y G L T H W K I Z P L V N M C F A L S R K
      K R V J H K T Q N F G D S A P E T G C T L T L Z L A N K X P R U T D P B
      L W Y A G E K U C D N V U D R Y C B Z Y Y P O T U T E H K F E I K Z K Z U O
      Y Z M N H X B J W E D B S G K B V H H R I D C Q T N O T K C O T S V C O T F
      K O U G E B S M O U X A R K W I E O C O N T L J M K R Y E K X W M U Z N L L U P
      M P T C P S E D F S G H C Y U B D K F    O V S M S Z T X Q S R P N U R D E Q O
      J D G Q A S B N E E Z W U T O D W W E    B V R E S E L L I A S R E V I V R F H
      L E X I N G T O N K A Q S E T O J X Y    N L S T Q G X M V I D V S N D K V Q W
      L E B S A O T P K Y Z Y N J K G F H Y    E X X T K N G I L R H A D N P L B D A
      W E P E D G J Y X X Q Y K L K P E L W    N K M E O U R D G Q J E V V C G C B J
      O P F X U H T L J Q T E P L R V K T      P O Z Y E A U D P G P T Q E A L K H
      M T H G A R   U S Q Y F E M K V N A      U F M A Q M B S X E A   M H N P X
        J D O E   M P L T E J I I V B I V      V J I F W F S Z N W U F   Y U R
          L G N B D Y T W C K K G O            L M Z R U C N D E M X W F
          J N H I G A C B X G Z Y A            Q H H G L U E T B J E B E
          G D I S G D T Z V Q X O K            R C H N D N R L X V Q Z D
          K P C E G J B U Z T J X              K M C C X R Y P P Y A I
            O F K K M B I V G H                I E Q A A Q D K A O
            H M W G S H                        R D W A E V
```

WORD LIST:

BOLIVAR	CLINTON	LEXINGTON	STOCKTON
BOONVILLE	FAYETTE	MARSHALL	VERSAILLES
BUFFALO	HARRISONVILLE	NEVADA	WARRENSBURG
BUTLER	HERMITAGE	OSCEOLA	WARSAW
CAMDENTON	INDEPENDENCE	SEDALIA	

Branson Attractions

ERPYSELS NTYOCRU ELIUJBE

_____

AOBNRSN NICCSE RLWYAIA

_____

TNTUOD AMFYLI ERAHETT

_____

TANICTI EMUMUS   _____

RUFYTLTEB ACLAEP   _____

VREALM CVAE   _____

LMES RADH UCLK EDRIN   _____

NSOS FO HTE PENESROI   _____

ESEHDRPH OF TEH HLSIL _____

OASBNRN NIADLGN   _____

EABLT KROC KAEL   _____

IEXID MDETAESP   _____

TOUNMT OOLWHL   _____

ISEVRL LLDROA TYCI   _____

BBDKRLSANOBE MREJOABE

_____

Branson Attractions

```
            B L T A T E F N C B
        X H Z F J S N F I D O I I U I S
      A S Y G D C Y J E G L X E Y J V T Y V T
      H A U U C X A U V Z N D G S P H X D T I G Y
    E B M P A A C Z K A P H I B O I B M M G E E L R H V
    Y K C A J V A U U C U S G D X K D J K A D S T R G J K S
    W C A B V Y T H B L W V S X N D B N U T I T I E A F U N X C
  V H W L F L M E B E H Q S F B A H J Z U Y O G S O M Z L F P B C
  E B W K N U C W V W B W A O V L B Q F A T O A Z E A S U Y A Q C
  Q A D H C Z K Q R U Q M G U H M N U H G H N Q J W D I I P D P J M W
  T R Q W C O C B A O L V U D K C Y O R Y A R Q D H T Y P X P R G A U O J
  J E D J T R W M I V K V L D U J V S C O T R T D P W E X Y I D G Y L U S
  G I Y A Y P E K D Y H O V Q V C R S N S Z N Z S Q E V D C T W D K P G A Z X
  N J A T J B L Q U P R T G O T F E T A W H G O M S A H P I Y D S D U A E C R
  K K L P H Q B S Y E L S E R P H N X R K V U V F X Z Q T W D Z Y J G P D Z E
Z Q D R G S D A B N I C N H F Z W I R B V N I J C Q G A N C O R P U Y W Z O S A
O N O W U L L T Q Y K V N G R A F D C Y D Q L P Y N N C T S I H G R I T I X P I
Z V A C T J E L S M I F L X Y N E K R X B D A G Z I M Y W Y G S O Z U P O W R R
W U Q M B S Z Q I L A D C N Q V U C W C K E Q M C W F Y R T D P C E S I L W C N
R E B X Q E R T I H K H J H M Z I U V Y S M Y M Y W M A C I H I C V Y H E F X S
C C U O D R A E Q U E V A S E H V L A J R N U A G R O Y F C D A W J M G A N U J
V Z J J E L S B V S H U I R P L D I O V S H S P B M L U R L L W U A Z E B Q T
K C V X F L G G R B Y U T K B X Z R I J E V P S B U M I F A I C D I W Q K I V K
I C U N M X C N E E O D E F T Z X A Y U R F I B T J U M F L T V T M T Z G S Z R
T Y E H O O P O X F E N I N O D V H M U Z P H T V V M A V L A T E M B U C Z D U
Y N S P A V K J P T N K H D D Z S H W F Z O A P F L F R O S U W H J E F Q I
N P M V F Z O R Z K S O D R T R L E H G N V O D D Q N W D Q E W K N Y O J E
I M P S N K E P R P Y Q I L A Z E H W H J A N V D C O Y R L W X I U P L H H
  U V Q G L L B Z T J C O P A X M H O S R H Q D Z N T L E H Q C P Y L X D
  H B S L I W X F X U E F J E B S L P J J I H T H F T T V J R L G E L P A
  L Y K L J U Z V J H X I I H L N N E K R F I N K U V L A D T X B N F
  P X G K S O T C N O D T H O T R N Z H V O E O A D T I J M W F O L E
  X D K I L N E J Y E H W Z T F E G L S E W R D W L S X E I J L I
    Q K B S W J W C I F Y I P P O M I O S Y W X W W I J G D K Z
    V V K S F B A U G Q V Y B J S J D O J W A H D N C H B L
      I Q Q V H Q I W G E M O C K N S R D Y I D B W T P M
      U F T C Z U B L N P O O N D O B U I D R I Y B C
        P G U X A N F Z M O W F Z S T A X R K A
          D F B I T I J Q Z Q N M F S W T
            X A P R M J O A P M
```

WORD LIST:

BALDKNOBBERS
BRANSON LANDING
BUTTERFLY PALACE
DIXIE STAMPEDE
DUTTON FAMILY

MARVEL CAVE
MELS HARD LUCK DINER
MUTTON HOLLOW
PRESLEYS
SCENIC RAILWAY

SHEPHERD OF THE HILLS
SILVER DOLLAR CITY
SONS OF THE PIONEERS
TABLE ROCK LAKE
TITANIC MUSEUM

Actors 1848-1916

BREYE   _____

EPIRC   _____

LUESRLS   _____

GNIMCSUM   _____

EAC   _____

ORERSG   _____

LEERNGF   _____

CHRGMAT   _____

KAPNP   _____

KNVOA   _____

GBELRA   _____

REYEB   _____

NCASKYORV   _____

LABE   _____

OSUHNT   _____

ECA   _____

ONAVK   _____

Actors 1848-1916

```
                                    V
                                  K P Z
                                O E T S F
                              T Z L E G V E
                            H K Z B S Z L K G
                          A U Y D A E L Q Y Z T
                        T O S H N R D W A T L J W
                      C O N O B G G V S X X V E U T
                    J H R C F B A M E A M Z O D S V V
                  P F W T U E M T S D A K L K V U E D C
                K H O K J A G T P S L U J O J R J P M N T
              Z G W K T L F P A S R A T W D K R Y Y Z R H L
            W P I W M X Z H K J D N Y O Y Z W Q K V E J D L H
          G K A V O N E U T H L Q Z U V W J Q S K L T N P T A B
        B E L F X G N G Q C O I L T H P Y U V M H I V T Z B D V V
      B N V V W U Y Y M U I X L W Q Z R L O D H G K G U M T N Q Q W
    P F G E R P Q Q U C V L E Z A V M O N Y W T S Z V F C B Z X P A E
  C K Z C N U O B S T G Y B N Y P K G R I V E U N Z F L R K O D P C I Q
C S X I J X B S N P R R F A Y R P U A P E K M R A N S F X E T X A W R B F
H E L R B K Z G E R A M A E R H L S C J V A A H Z M N K A U J L U O W Y H A T
J P N M N A D A E E J T M W Q I A N P S Y V T G N N Q V B S E E M Q E J H
  A M S A Y P K U R G H E A I E Y D V T S O C F E K Z F L H N S N W R U
    S N P K X I V A Y O V F T H R I J X E N G R C C W U Y V Q T W G S
      I P H W Y U U S T R B X A C E S S J J P U Z B T Q B B A W A T
        T D D S S P G G C H P D C S G C F R V G X D R C I H R F O
          L E Q L C S F K S L A H G N C X Q E U V O X L O U M N
            L G Y L K G P O G T A N I I A U A Y A D G C K I S
              E H B J L E U H Y B A M Z M D E T C Y S X L W
                S F W M Z C T N K Q M X F W N R J P Y Z T
                  S A S N W A E G H U Y A L W E D Q E H
                    U D J T P J E E C Y R E E B W I Q
                      R K G Y C D Z U K A C O M Y O
                        E T L Y A X P R R C B D F
                          P B W X D F B Y C K R
                            G I Z G T U D Y T
                              F W L W T D X
                                P T Y M P
                                  K W X
                                    L
```

WORD LIST:

BEAL	G ACE	KNAPP	RUSSELL
CARNOVSKY	GRABLE	MCGRATH	W BEERY
CUMMINGS	HUSTON	N BEERY	
E NOVAK	J ACE	PRICE	
FRELENG	J NOVAK	ROGERS	

Actors 1917-1930

ETRGRAT _____

CEYJO _____

ETSNEVS _____

RREEG _____

REOYTSFH _____

YAMWN _____

GNNU _____

XXFO _____

LATNAM _____

IUEGLUAML _____

MYOA _____

ESAYM _____

RTROYLA _____

EEWRVA _____

VNA YEKD _____

NASER _____

GPAE _____

Actors 1917-1930

```
                                    I K
                                    N C
                                    W T
                                    Z E
            E                       P W                          C
            R F                     C Z S Y F P X D        Y T
              U F            Q A L H M K E P N W O Z        S M
               Q Z       V R T H Q A H X C Y Y P S T E W      L A
                 Z P   Q C B L S N Y K V Y J J N V O X B K    Y Y
                  X D Y E V E S C C Z S O F S H B Y J G D Z E
                   B L T B M E J W R V L J Z Z T S I O S Y S R
                 R N N X R E V A E W E C G Z X N S N E V E T S H
                 F N G J R A P E T A S W O S J N F B U X E G C K
              S X T R E X Y R I O F H B W L T S T H L M X B L W H
              V Z M N W G G R M E X B N H F D T H U T E V T I T E
              M Q G L J O A H S H Q Z A P A P A E Q X P Q L L I O
          P F V O T P I G C A W O P T U W K Y P N X X Q R J K Y L E K N A M T L A
          K C P O U Y W P R R L H S R C V I U Z G S P M W R Y H H F H U T O J I I
                 X D V O N Q P T I S Y F G S Y I Y E U H A T I K C X
                 D L C L W M R P V E P I P Y N R L T W L Y G W T V N
                 E D O Y I Q A Z X G D V K O N N U G D S Z J W Y B F
                   P L A B B Q Y L X H Q R Z H E W B R O I O U U B
                   Q E R S U C H O D M E Q O O Q S T O K A O C J U Y
                   H J T D H U E X T N T X V D F F F U O J Z P X Y
                     K K L T U P M S O R S Q H T C J O O R B R C
                     A P G N G V A N D Y K E M G O Y C X O U E Z
                   Q M V N A K X K Y Z L M Q R O J C W T X Y W U P
              T Y       R X X J H Q Z Y E I F T Q B H R Q K      I U
            J N           E U C K P J K M A Y A F K X W J        E U
          D L               I P U B X U T P W E V N              J X
          K                   B B F A B P A P                      Y
                              L U
                              L T
                              I U
                              U X
                              G P
```

WORD LIST:

ALTMAN	GREER	MAYO	WEAVER
ASNER	GUILLAUME	PAGE	WYMAN
FORSYTHE	GUNN	STEVENS	
FOXX	JOYCE	TRAYLOR	
GARRETT	MAYES	VAN DYKE	

Actors 1932 - 1949

CHONE

_____

SONAM

_____

EHANR

_____

DIASV

_____

WTDBHOOLOR MNTOHSOA

_____

SAORRBDUTH

_____

CNFICSSRUA

_____

ERNSOEVC

_____

OONHJSN

_____

LCKKIPTRAI

_____

TMASHO

_____

ILUIMS

_____

EORSBNO

_____

LKAAUSST

_____

NLIKE

_____

Actors 1932-1949

```
V W C Q C A T A M C B I Z K H N I D M M J P X Y M X W E T L
B P I X F C U S F E O P O N M M D X D F E B B H N W C Y J U
X R O D J Z R P E V S O Q L I Y U J G D O H K S K E V E D N
O A O J G L X M A C Z U E H H P X K N E C O W J N Q J T J T
M B U A Y U A T C T H Q G K S N G U P O L Z Q R C J P N T U
Q T I T D Z F N T T E P P I M R V H N O S A M W O G M S H U
Y E D D I H P B X N I Z O L E F K F S F J B D A H L D D Y P
N N C A C T U O T L O O R T S J X C L S K H Q T E H V O V N
Q W T V Q L V R F Y H S S E Q C H X V X I N S U N E Q X M A
D O K I Q N S Y S M P T A O F C X S R I J A Y M I C W W N U
O P R S Z C N G Z T Z X E M D L K L I J S X C S R C A M S C
K D R Z X A U H P P H N L A O W U Q C Z T F A F Z S R O V V
E L B L Y T F A G X R E H B I H C J J G N Z H E H R H D Q O
V F S P L J B Y T O Z B I O I G T M J B Q J W O X J J L Y B
O Q E U U U R U B H V V T Z G W A H V Q X D S S O Q O W N M
F J M M C Q C S C H K E O D W G E M T M X E A B V P R I U Z
M J O H N S O N P Y S A G F Z E Z J T R P X F A V N K C B G
H T I U Z N I U A R Q I H S E S N Y H M O Z T G W I S B I M
R H F J J Y Z C E W U M A C U X Y E O I Z W T S P A T U Z R
T U R F F Q K V N Y J I T V E B Q A P L H S D M M D D F M X
V O I K D W N X O A J K A X L Q A R A I S X I O A V A V I B
T V S P I O T F M Z R L A P Q F H A F U P Z H D O Y C E N T
E J E S C E J K N C F F L T V Q J P X S Z T E J A L J M N A
Z C P A L H R Z B M T F J B Z U T Q A M T K N Y R K B R U U
Q Z G L O R D Q B S O W B W E F P R D L C Q U R F R T Q W N
K Q T U S E V M I K P H U K R R S S J L N G D Z A O T M D L
I Q E S H I T V L H U C U C D Q R D P Z W Q Z X N E X N F A
H Z J T J D J I A P K Y S V B H Y K N I F T Z L Q P H E L L
H H V A Y W N L Q E B M R L Q H Y N S T Y M J X U I F R D E
Q K F K Y E T S C O F K T Y W O K D E K C I R T A P L I K E
```

WORD LIST:

BLOODWORTH THOMASON	DAVIS	KATSULAS	MILIUS
BROADHURST	FRANCISCUS	KILPATRICK	OSBORNE
COHEN	HEARN	KLINE	THOMAS
CONVERSE	JOHNSON	MASON	

Actors 1951 - 1961

AALKUB

_____

STIHM

_____

LWLISOIMNA

_____

MSEAES

_____

NNLI BREKA

_____

NENAOL

_____

ETURRN

_____

ENSMOLM

_____

NADOOMG

_____

OSEJN

_____

RAEWNG

_____

ERCBEK

_____

RRBEY

_____

GCMRCUL

_____

ORCPOE

_____

OECIRBS

_____

LAGE

_____

DRWOAH

_____

Actors 1951-1961

```
H E T Q N W G                                                        Q J H R Q J A
  O P Q L A V H                                                      I F H C K R R H
    C W U G P T N                                                    V P S R M V I W O
      M S N D T J T                                                S E N N R E N B B W
        J E P B L K R                                              S L E R O A W E Z W A
          R E M L R N R                                            X A C L I M X C R V F R
            W B W A X D X                                          P G U B R F M K A M R G D
              V N R R R Z Q                                      M P U K H H L E J G M A X
                A A C Q S H V                                    M L T D J X Z R L L E R W
                  P M A B U I H                                  P T P R W M J I A X O R W
                    A D Y I E S R                          Q E I V G O A N N O C G T
                      J O S Y F O C                        L N E W S E N O J W S T W
                        N O P Z R G I              O S S E Z P W A L S I K G
                          V G Q S K J T D Y X R U G L W D B H Y
                            U E T W I X D U N H H R A O F X V
                              W I L L I A M S O N U V C N L
                                G Q Q E G F M Z B L K F X
                                  C E B V W R Y E S I C Y H
                                    N Q W E V P A C R E I C C
                                      M O D I R N T C E F Q S M
                                        F Q S S K R O S P J N C K S B
                                          F H S Q B R Y R O R E N R U T A N
                                            R Q P F H T R X O B I Q H P F G A M E
                                              T W A O C I X I C Y P R Z    Z Z M T F A Z
                                                Y R R Z Y Y L L Z W Y C X    O K E R S H M
                                                  G F D W X B H K B U R X H    P O J Y T N L
                                                    A S B J I S T S X L U Y L    O F D I A T Z
                                                      B V E J X U I Z V H H M G    X S M H H P O
                                                        R J J L Y L Y W            X S L P W D N
                                                          N O Y F L Y N            K H I T D O W
                                              G         X J K D                    H Q N Q S K D
                                            T           E P J                      I F N K A E C
          V A X J G H O                                 H L                        V L B W U S W
          Y L A B N K                                   X                          G R A M I K
            T U W J A                                                              Z K K M O
              K C M                                                                  O M E Q
              X A U                                                                    G Y R
                I B                                                                        T Z
                  X                                                                          T
```

WORD LIST:

BAKULA	GALE	LINN BAKER	TURNER
BECKER	GOODMAN	MASSEE	WAGNER
BERRY	HOWARD	MCCLURG	WILLIAMSON
BRISCOE	JONES	NEALON	
COOPER	LEMMONS	SMITH	

Actors 1962 - 1971

LPCOERHOKEIN _____

RCEOM _____

MHMA _____

NBTCEIED _____

NGNU _____

SILWE _____

SNNOUOMD _____

RFNGIFI _____

BZUT _____

RKER _____

OTRRY _____

HECDLAE _____

ESYLK _____

GNUMHGGIEE _____

IAPSEKIRK _____

KHORECNE _____

HORAE _____

SLOTET _____

Actors 1962-1971

```
                              A
                            J   Y
                          N   X   O
                        Z   L   V   W   Z
                      R   L   D   C   T   S
                    U   N   O   V   T   A   K   A
                  A   K   Y   E   X   C   N   Q   J   I
                  V   I   E   B   N   B   R   K   K   L   V
                O   E   S   T   L   Q   G   W   N   K   I   F   Q
                X   G   C   J   W   B   D   I   X   T   R   V   R   B
              R   V   U   K   H   S   S   N   I   V   M   K   Q   A   L   K
                G   E   O   F   T   Y   I   Z   Z   S   C   Y   V   G   G   A   G
              H   K   Y   P   K   J   N   Y   O   K   A   O   C   P   M   V   Z   P   B
                N   F   V   E   O   L   V   D   G   F   S   A   D   H   L   E   Y   S   D   G
              G   P   Z   W   Q   H   O   C   M   S   R   G   I   N   Y   Z   W   M   I   L   B   I
              C   L   S   R   K   H   H   L   C   V   I   G   J   L   P   O   X   I   P   O   K   Y   W
            M   E   T   L   M   Q   Z   R   Q   N   S   S   S   F   D   F   N   M   F   U   B   Y   S   V   L
              D   N   W   H   D   G   S   G   U   Z   E   E   I   O   M   W   Q   D   Q   P   L   R   I   X   S   F
            R   T   N   K   M   U   B   I   V   S   J   L   K   C   Y   W   P   P   M   K   U   Z   R   U   N   S   V   P
            C   C   Y   V   G   J   E   Z   K   N   Y   V   E   C   I   J   I   S   D   M   D   R   O   A   Q   T   R   L   L
          Y   S   S   Z   G   L   S   N   Q   O   K   S   U   V   G   I   E   U   V   J   P   A   S   T   G   V   E   D   E   B   L
            F   R   R   E   F   W   S   E   U   P   L   N   F   F   X   K   H   Y   L   X   H   H   H   I   K   N   B   J   I   M   P   K
          K   R   C   N   R   X   B   U   D   B   B   V   W   I   P   A   S   N   H   J   V   K   T   A   X   Q   M   N   H   D   S   O   D   O
          U   I   H   I   N   Z   U   S   I   G   A   F   Q   S   R   Y   J   B   J   S   T   E   U   Q   F   K   K   W   Z   V   U   G   C   T   C
        X   L   E   T   Q   B   Y   U   D   C   E   F   G   S   S   Y   S   D   O   F   V   Z   G   E   U   N   B   L   L   Y   T   M   J   O   S   J   U
        N   I   S   R   Y   D   A   H   T   T   R   X   E   K   Q   D   Q   Q   D   A   N   O   H   A   R   E   T   L   O   T   S   S   H   J   J   O   M   V
      W   M   M   N   E   B   Y   H   B   Y   Z   N   N   I   W   J   F   F   B   N   U   A   D   G   Q   A   M   Z   M   W   M   Z   S   A   W   B   H   S   P   Y
                              E
                              X
                              L
      Z   L   M   Y   M   U   N   D   S   O   N   R   C   I   N   X   V   U   A   R   S   T   O   R   Q   Q   K   O   O   O   D   G   L   J   R   R   E   M   Z   K
        V   O   G   N   X   H   L   T   Z   X   E   F   C   I   B   G   A   F   T   C   S   K   W   L   O   Q   H   Z   T   I   R   M   J   X   K   X   Q   O
        T   W   E   I   N   X   U   S   X   O   J   U   B   Z   H   Y   F   S   L   A   E   N   U   K   P   Y   C   Y   H   N   N   T   O   V   F   W   E   X
          H   F   F   C   Y   G   U   V   U   F   A   Q   S   H   O   G   V   C   R   L   N   K   R   C   Z   M   A   E   L   S   B   R   M   K   C   Z
          J   O   F   N   X   T   W   R   P   I   I   A   I   A   B   H   Y   R   Y   M   U   C   N   O   A   Y   A   D   N   D   E   Q   O   H   Y   M
          J   I   O   M   U   B   P   R   Z   Q   F   K   U   A   U   Y   H   R   A   G   A   Z   I   O   D   C   I   Z   U   R   L   N   A   H
          S   R   Q   F   A   A   R   H   M   T   Y   J   X   H   D   R   A   W   Q   O   I   R   D   Q   N   H   K   B   G   C   E   I   I   B
            G   Y   Z   E   E   E   T   J   W   U   T   F   O   I   Y   Q   U   I   J   X   I   E   L   D   A   E   H   C   R   P   W   W
            G   N   K   U   Q   H   T   J   F   T   B   E   B   Y   C   B   X   U   Z   R   C   V   K   C   S   F   Z   G   J   Y   U   Z
```

WORD LIST:

BENEDICT	GUGGENHEIM	KOECHNER	STOLTE
BUTZ	GUNN	KYLES	TORRY
CHEADLE	HAMM	MUNDSON	WILES
COMER	HICKENLOOPER	OHARE	
GRIFFIN	KERR	PIEKARSKI	

Actors 1972 - 1987

ECLARK _____

ROSEBRT _____

LAKRS _____

LEIDANS _____

UGNN _____

HEBAT _____

SOCBH _____

RODARW _____

OTRGAB _____

RBANNOS _____

OSOHNNJ _____

ASBSLTE _____

TSTOC _____

KSARL _____

KEMRPE _____

ORENOM _____

GEAELRB _____

EEPRST _____

Actors 1972-1987

```
                Z K W B O X F Y G D
                S R O A J B V S K Z C D Y J Z C
              V U Q D C F S H X L B D J X E M X O X P
          L D G D M Q G R N B E M R A K Z J S B O W M
        Y S G R A H U C H D F X I X T D X Y K W T X R O B E
        Z N O W R R L U H L A X E N X B Q K K F G R L W O I O A
      I C D C R N L E I Q Z A X E A C H J R D N Q Y E R W J R I Y
    Y Q E E O H P N A X A Q Z V O D M E E P U E R Y W Y I V N W G B
  N W S W G G H T           D B G G E I Q Y         E U F S O R B Y
  U Y S H V N J K B         P L R D T F O W         D P C E M W Y G J
  T J P M W X O N E T       M E I Y Y D D K         B W I B Y Y F L T W
  Y U E S G R G O V X       N J T A L E V U         D C K R K X S T U P
  S T A B L E S L S D I     B T J J O R E S         S D E O Y Z O S E A S
  Q V R B Q C C T N M W     C J Z W Q E I Q         A O N B Y C Z M T S B
  D Y A C N G Z C A F N     H R W Y S J S B         M N Y E S Q B N S S H
  G D C N Q R G D X R O C   Q A M K I R V M         N N P T I R G E C K O Y
  E C M S O U C X V B I E M N N I E G T I X G E B R H S J C G L Y Y R W X S O H G
  K D X V I S T H X T O U O Z R U G N L H C S O B K Z R X S Q S N B X W L R A E M
  V S F T S J N D C J E F G S E V K W R L S S Z B R X I S P T S D U U V N K T K A
  I V V H M R R H V H W U L P L V O C A E J M T O P K H N K T I C H U G X R O H K
  J Q X X L X P B O M E U Y J A K U F L F Z V F R S R H D N L D N T C U C R X H J
  H O D Q E H D I B J Q Q V B V P N P K K K L E H E G J I Q D A R S O G F D E N A
  Y E J P I Q R Z Y S U P Z X Y S X K S P A X Z B D J N C X A R Y Z E B I B K Z
  P Y P X S E   D M S S S D T S E W U J X W J O G U U O X F G S W U   X E W F B U
  M J W V P F   C Y H F X X G Z G Q P U V D R Q H K O B R O F W O E   Y A J R Y P
  Z Y M Z Q     D T G N N U G N A E B Z P F C F O B O B O W B Q       Z F T P K
  Y E E X Z     B L U F Y O U A T G L W N V Y B T P J U C H           O Y M S J
  K V X P C L                                                       G T S N C L
  D H X N W                                                         U V F S X U
  J H S C I Z                                                       B X A M B D W
  V S P Y A W                                                       E W E Z J L T
  Q M R X K B S                                                     F T N U U E Y L
          R A E Z F P H X J O N B L M L I Q C A Z Y X L E E B A R G C B C
          E M T M T F K U N D F Q G H P K O O E D R K T M W W O N I A
            U X E F V F J Z B I U C L M L R R A C X E Z F A V L Z Z
            K E P G D U M O G F V L R Q K M U Z H Z Y I V D V R
            L I W K A E T I B P O A Y Y J Y T B E A D V C C
              H Q R Y Y E V G V E R S L A H R O T A Z
                L W R L F B D J Z K B J F R W N
                  E Z C Z W H V E U Y
```

WORD LIST:

BATHE	DANIELS	J SKLAR	R SKLAR
BOGART	DARROW	KEMPER	SCOTT
BOSCH	GRABEEL	MONROE	STABLES
BRANSON	GUNN	PETERS	
CLARKE	JOHNSON	ROBERTS	

Artists

ELSLUSR

_____

TANTBRE

_____

RBHIABD

_____

ONNTBE

_____

MCIKUS

_____

ASEVN

_____

TRVOA

_____

DJUD

_____

NAEVS

_____

Artists

```
            X D Q L J X T N W G H C X R N
            M K S V J X O M G L T L F M R
            P G J R I I Y H M S W F R N
            M O X O I L P O Y N C U J
          N X U G D U L C I F A U I
          R H P S U S K U O S V G
        I F C M T I S K P U I E L
        Q C J X B D C H W E S M
        D U B K Y E X K H F F
      W D R I Y Y U I B X J
        D C U A P C A V O R T
      H O F G B B S W K L K
          K J B E P U U V H V Y
          K D G D I K B D D X R
          U R B V S H O I G U
          Z B B E M D R B L S
          K X L N P V I D S
        G W P H T Y O T E
        X Q W J O K X L
      D L J I E N E L
    T T C Y S J I B P
    Y E Q F K H L L
  L Z I W S P Z Z
        X U S N A V E W
        G K J E Q K P
      U W F A Q O A
      B E Q E Y F
      C F O Z O
    O F Y T T D
    J F D T G
  A K O E H
  E P N L
  F R R N
U A R T
B I V
G L
Q Q
  E
  Z
B
```

WORD LIST:

BARNETT	JUDD	RUSSELL
BENTON	M EVANS	TROVA
HIBBARD	MUSICK	W EVANS

Authors 1835-1907

IKSAN _____

LOTEI _____

ELSEDATA _____

HGSEHU _____

OHCINP _____

UMKCIS _____

HEIURNB _____

FDLIE _____

SNUDBO _____

NCMELSE _____

IKSUMC _____

HGEUSH _____

NIIELNEH _____

INEBURH _____

OERMO _____

DETN _____

Authors 1835-1907

```
                                P S
                                Z I
                                M T
                                A E
                                N A
D                                                                        C
T P                       E V P S S O O J                            A S
  T L                 B O M Z J P D O A A G Z                      W N
    T Z             A B A P B Q W F A Q S S L J M B            V I
      X G     Y O X R G C U G G L S U Y E Q C R Q        F K
            T X O W G G W O K O U E F Q K I H C Y U O A
            M P V Z N A N K N E I R P R I W W G J Y F S
          B W O A L Z Q L Q F I S B W X C T J M U L D T K
          M W E E Z V U X R R W E D R H Z J N G Q H B F O
        Z G C R I R A I K H X K C L O N E Y I Q V D L X K A
        P W O D F S F F K A H K B P N S I F V V W X O S A D
        U O V N L C G R T R J K I Q Z I S T R X R M R M L L
    L T H Y P M Q D C C X D H B B O N H G S S E Q J N Z V S K R E T N E D F
    L C L W U Z N S C J G W U I K W G Q N X F H H I Q Y B H Q T I P A H G K
          D D N I U X R B B G C W X S L J I E R P C O B L B F
          V M E L C J G E I V A I B D U H B B A B Y A H G F L
          W G M G F T J I K D P P S D D U E G J Q C T Z J U V
            X E K L U Y N Q O Z G H U H Z Z V W F Q I R M T
            K L F W N S R U J P K G R M M X Y J P H D A U O
            Z C V L D H R C F Q T R K Y R S Y Z S P A B S Q
            W C N K N S R S U E Z K X C V E K U Z X B I
            A U B N V M E H F X D W P Y E E T O I L E C
          B O C G Y F J G N S R R F S G C H Q S Z W C K K
        G B       D I C K N A T I I S F S P N W Y T J       M C
      I G         W D I K T M C Q E W P F L K E F         Z M
    D W             Y V O Z H C H F U W W K             H O
    L                 S E T G G H A X                     B
                        B U
                        O H
                        A R
                        D D
                        A O
```

WORD LIST:

AKINS	DENT	J MUSICK	R MUSICK
BOUNDS	ELIOT	L HUGHES	R NIEBUHR
CHOPIN	FIELD	MOORE	R NIEBUHR
CLEMENS	HEINLEIN	R HUGHES	TEASDALE

Authors 1908-1971

DLOELOWR

_____

BAULMIHG

_____

CKNNIMEAR

_____

NLFNY

_____

HOMTSNPO

_____

DWBENO

_____

NLOGLHRE

_____

EITGEBLENR

_____

OGAUNEL

_____

DAAWUYN

_____

RRAFSE

_____

ERGRBE

_____

GNIEL

_____

LASLMIIW

_____

RORHGSBUU

_____

EATH ONMO

_____

OHEJSTONN

_____

Authors 1908-1971

```
        M U E G W J                              N P C T G A
      M H R R L C H I O                        E P Z L B E K H I
    V A W Z Y N E G U C N                    D K V H J Q F J A U S
  E T N Y Z E Q W D P V S Z                V V S P N T B Z D F H M G
J X U O F L N I R G K Z I Y Q            B D C D D T B Q R L Q A E M N
X V N X L T Z I L C N Y S W F          Q U L C D T I Z F K I N K F G
G N M G S Y D T K X S N X O D I B      A E N O T S N H O J G G K X D W G
B N N Y H Q Y B A D K O E V K Q H P  P U O Y O T L B S A X E O Y G K C Y
M T Z Y R J Y U M G T M J W M C D H T E T Q N X X P S F W L N Y F Q T J W
O C A Q L M G R Q M A U D U C J L S O G H I S Z L A P H B D U H N X A X O
V F O U C F T R L M S J N R V Q T M A A T S N F O V F R F L U X E L S U G
H P N E Z P Z O U C J F I C A Z C Q X Y T T R Q I F E O T R K N O X P H J
M G X W N U O U R E J O M I U L P C T O L H R G U I R A K A R U A G C L L
W T U N I D I G F U Z X Q M A M J L H T L Q O M T V L E N M E S T W V F N
Y P G A Z V X H C N C W R R Z K G N J L E A P M Z Q A A H U B M B U A A D
S L A B F F S D D S Q J L M X S G F G R A O N P D H P U N R Y L E F Y
H D C C M V O Z T M V Q N N R I H U J A E T K E S I D N R E N R Q Q G
P I P A D I M T J A V U T J X Z O H E E G X R S D O R G T G O O B J H
  Q S I W P L E A I H O E F G Z M U X E L W E M N W N G B L Q O O E
  B H U S I L L T L Y A U F A C I V G M D Q K R N X O B R M T F A M
  F B C G S H H L U C V V N P M A L E C O O T O J A B G D Y T N
  L V I O H J N I S P F N S A R L Z F S H N L D R W G O B M E O
  N A U E V D W S H E F I B N O M Z L K A A S K Q B X O P C
  D B C N Z G J E S P R E S A R F L P H Z U F O U L O M D K
  L M R S H W M I N Y W B L I E Q I C C X U A W N O B N
    W V M Q A W V G M J J I G N I D Q M W J O V S G Z
    K E S A W X E P Z E L M F N Q K V E T C K P B M F
    H H P M A I A N M H Z J H A R C M W P B L G D
    S G L R K U O L E G N A R L D M M J D I X
      W V E Z R Y F P W Y Z D G O O L C Y Y
        E Y I Z S F S O P Y K W H J K Q N
        X S I J Q L O E Q Z U Y G N J
        W H X L E D K I B W V G D
          E T P U R O U W O O U
          B V B E Y W U P R
            J X L N W G U
            K L Y F J
              C F I
              V
```

WORD LIST:

ANGELOU	ENGELBREIT	HEAT MOON	WILLIAMS
BOWDEN	FLYNN	JOHNSTONE	WOODRELL
BURROUGHS	FRASER	LIMBAUGH	
DUNAWAY	GELLHORN	MCKIERNAN	
ELGIN	GERBER	THOMPSON	

Aviators, Founders, & Inventors

GEHUHS   _____

ASKER   _____

LBOHC   _____

EISLGNRP   _____

FTAHDNRO   _____

AELR   _____

MAKFUAFN   _____

EEPNYN   _____

YTLAOR   _____

ISENILQUDEF   _____

HCLOB   _____

Aviators, Founders, & Inventors

```
                        K
                      X C D
                    M Y Z L Y
                  H D Y O E X K
                Y T D W H I S Z I
              X P G Z U C F J Y C C
            L X S S G S K E G N P Q F
          J U P L H V X J U S S E O D P
        P I T D E Y P G M Q V A Z O B B V
      X F Y J S M F P S X N H T H L A I B T
        Q H B L O C H I V I Y I O
        B X F R I X K U S I B F X U U
      D J P I Q K U E U D H U L T H P R
    D F F Y B M L C Y K Z D G T G G F U L
  K U M Z J M M J Z S R E K A G M A Y A L C
C Y Z O M P H J W P M O A E Y N P Q F M G L G
B R Z E S D T H L U N Z T K K D I Z X P Q F X J M
V G M H F N R A Z Q E Y R R B R O L F Y X O H T R L P
F Y A T S H O N C G M K A Z I Z N X R D A N B T A J Q W U
    F Y O E R Y L R R O C U A E N B Z Z D
  N Y P H D P C Z Q G A J R D P P A W N K K
A O V T J O U E R O O B O H E S D L M I Z A Q
D C X B L N Y B C J K W L M T X X I E E F V M T S
A X C P E D V W H Y H V Y A J Q N Q F A I J F D O R V
X P Y J V V S N E T H Y A R K M F A E K Q E R M U N S E C
A Q K W P X J G Z M T V T P C M U O W Y H W E H G W A Y D V H
A W R V P X G O C V A E S V Y V Z N H Y P X E K Q Q Y Y K V W H C
P Y W Q D L K N Q X X M L J F S P T E Q A I W Z I N X W J H J O S L P
                    M H J
                    B C U
                    K O L
                    V L I
                    F B Y
                    M R O
                    L Q O
                    X Z A
```

WORD LIST:

AKERS	HUGHES	PENNEY	SPERLING
DANFORTH	KAUFFMAN	R BLOCH	TAYLOR
H BLOCH	LEAR	SINQUEFIELD	

2015 College Hall of Fame

OTHPONSM   _____

RTUAAQRM   _____

OUGYN   _____

WKARLE   _____

PARREI   _____

DLVSONUD   _____

GEEHNA   _____

ALSLY   _____

PMALE   _____

DELINSATF   _____

ENBUTTR   _____

SAMJE   _____

ORSNELYD   _____

OEBL   _____

ARBHRDEE   _____

2015 College Hall of Fame

```
        I C W O G B O                                        X G Q J P L A
         Z L N H D E C                                      Z P K N S V G N
          C N B X O B S                                    Q X O R T U D V T
           Z X R G Z E T                                  T A G H A S L O B D
            G E U V G R Q                                G U M H N F O W B Y Y
             B J Q Z L H H                              S R B G F Z V R G Q E P
              B J N S Z A G                            A Y S L I O D B E O L B A
               K S V Z X R B                          E G F Q E V N W A X W P V
                Z Q P A J D G                        T E I P L J U P Y L C A B
                 A K Z O N T W            Y L G Z D D S R Q S I Y F
                  S C R O F L D          N Q R G N Q Q N W C H D V
                   G I S A M U J        Y C U W E E V Y L X O Y G
                    U F T L U M H    J C S N Z L H E I N F K L
                     O C I K D T B D T R A U Q R A M E A A
                      W F L M O T A D O V K R G U S X Z
                       P W W E T E H V O Q K F Q F J
                        C Q I T R N F E H C J O L
                         O X Z A G A N R X V J L N
                          Z G B W R W O B V U U A O
                           U M X Q I N H S J H F B B
                            U C J S H M V O A A T G M V C
                             W K G I T I A G R L S E M A J L S
                              M N K D L R R Y X T L G Z U U F T Y C
                   L U Y U P Q I D G H H Y A    N W Z E S A W
                  Z U A I Z O D T H O B O O    S H Z P D S G
                 F I Q J M S U Z H M C O A    B M A H L N K
                J B U E F W P K W P V F B    S W J L O T R
               C E C J Y O W V E S X B Q    N P D M N K T
                A V K L O C E Z            J R F O Y I S
                I W L N P M Y              L L N O E T G
              L       F Q Y B              Z L G J R K S
             H        M P H                 C R U B X N Y
    Y R F I F C B     Z W                    P E P W U B E
     A E K K N J      I                        G K W S Z X
      I I R Q C                                 P L G I R
       P A D                                     A A N W
       A A K                                      J W C
        C R                                        G O H
         I                                          H
```

WORD LIST:

BURNETT	LAMPE	REYNOLDS	THOMPSON
EBERHARD	LOEB	SALLY	WALKER
HENAGE	MARQUART	STANFIELD	YOUNG
JAMES	RAPIER	SUNDVOLD	

Entertainers

TENCORIK _____

BLGMAIHU _____

TRNOAB _____

ESETPR _____

GONRMA _____

MDBECRI _____

ESRNIPK _____

RELULM _____

KLAF _____

IAADGMN _____

AACRY _____

HTOOB _____

UNSCAMM _____

LLSAWLES _____

OEYGRRG _____

ECLOHS _____

ORAPRI _____

LOINKRB _____

SILAGLT _____

DCEHHFLIRS _____

Entertainers

```
            M P A X I I                          N A K O E P
          S D E B V V B D T A                  U L J Q L S A O Q D
        H R L S I Y H Q T R Q S              F U M Z Y X E H R Q U N
        I U C H L N X Q M E Y H O          L V Q M S E A J C L W L P
        S C Z A M I S H M W X B P          U T D O B D D E E X F F C
        Q A S V I B A G X P O X S          O L G P E R K I N S F B V
    R Z D K   S Z R I P J S J L X E F      U S A S N T N N M U G O   F V H A
  F W H Y G W   T O D A T U L B G H D      R Z W N V X W A D A M   U V R C Z G
  R K F B E Q O L H B C K L G T S E A      A A P F N T M G X L X A K U E Z L X
T V N J L J D P Y N S O U B G A I V G      J R I E O E F M K A E Y T D L G B S P
A L G L S D B F A D N R V D F T R V C      O A X F L A C Y X V S X B U M O E G P
E N M R F H X T Q F K A C J S E F K R      B T P N A B H E B M Z J Z L X K U N N
X B Z Y J N I S K Z P R O I C B O A T      S I V Y R L A N O J U J T Q B K M O U
O V X A Y S T W G C V I M A W X I O R      E N Y I T A K J O Q G L U Y N V N W E
S Z I R O U D S N N E P C R N G S H F      Q R S R D V J Z Y N I X B F L A L G R V C
  Q J A F L D Z U U L L A G I T S F Z      A C V E W P S C U C D O S F G E V O V A
  M K C I S A C B D I R O W N T M L D B    C O M K G D Z J F J D O R I L R S W U
    S G X T K Z Y V M I B W C J M L K      K N E Y I X P N U H Z Z O V W U C C W
    M W T Y V C Y D I D V H A E M S J      H V I Y C A D H Y V M V A P E T U
              P I P I F W Z H V I U H
              F Z W B R C R Z E B C V
    R Y G O X N G T Z G H H H P W K G    I J Z S D U L Z S L I N I E U N Q
  F D Y E R D Y F D Y C P K J E B J      B R N G B I M G Y T R Y S F P M M J N
M J J V O J Z V Z A S R K Z Z O D M      M O M U U O Y P X E H M A T I Q F Y B T
M R D X E X Q L O R L T H Z L K S U      N A M C M U E P H I T F H C P U P W Y U
E E J D X W L V D I U A E X I N B V F    S D Z W N B F P V P Q E S T B A Z F C K M
C L L Y Z W L E H G U A B M I L O F G    E I W I J H E Z N D B Q O M W D F Y S
R A U T H P P N O C U B M U W E S R L    D W O O C I S E L C S G C O I O F K F
F O H R X F Y E I T M T H S T J E K X    A P N S E T M N J R F X E F B U N L B
J N Z T X W C X T P Y A R C C G I T E    S F E I I J P S I O U X D H P U D Z J
P C J F U U C X O E I J E Q O B R Y N    Y O Y A L A Z S N N V G B V B N R U Y
  B F H H S G S D D R K O R N F H W O    L V Q E K T I U W K T F P R J K L F
  D C S Z G V   R E J S Y J U B W S T    K D J W B P U B B I G   Y H M I C
    W W W G   O H T Y T E Z Y N W F R    L Z N R W V B I D T Q X   A B E
          V L Q D Z L C P T C O J A      F W F R Q D E M P E E N D
          Y J T I P C H W S I I L B      J Y C Q I Z E J Z R V I D
          R L M Q D Z A D B R Z Y N      O Z Y H L Z P R F L G M C
          R N G P N L F Z T L D Q        L G B R W M G U A A Q S
          N R O B L I K Q S L            L H X D T R N I B J
          A A J B P U                      Y O B Y I E
```

WORD LIST:

BARTON	GREGORY	LOESCH	MULLER
BOOTH	HIRSCHFIELD	MADIGAN	PERKINS
CARAY	KILBORN	MCBRIDE	PETERS
CRONKITE	LASSWELL	MCMANUS	PIRARO
FALK	LIMBAUGH	MORGAN	STIGALL

Military Heroes

MREEY _____

OTHSOMNP _____

AEWMNHTI _____

ARSKP _____

GARBRE _____

ALIWLRD _____

SNOONIRB _____

OTZNCO _____

DYEALBR _____

RLTOAY _____

AYKERLB _____

XCO _____

KRARPE _____

EISPHNRG _____

GLIMNFE _____

Military Heroes

```
                              C
                            B S L
                          I C N R B
                        G Y R J U R N
                      N Y K Q U N A J L
                    O N R G P C W D B T P
                  G J O K U G V G L F B M X
                G U C G Z W I D W E W U Y Y W
              Z V N V J S G P B R Y B Z U M N J
            J Y N Q H X W K Q I A X G A B P S I E
          Z R Y E M T H H Q O O W X P X R A Q S U K
        Z E G X W K I X A M L L V A E X P K Q A N X K
      L P K M F K T D U E T N O S P M O H T L O C B G R
    G O I F U A E A P P B L M O Q V M Q W C U E P H B T M
  R R B X U O M I Y J E O B F T P E I E L M C X Y B Y F I D
C T Q F H Y A H Y L U Y T J M L T D M I K R Z A U C B P E J W
J X K P V X N W B K O R X X E G W Q Y M T G Y J T C X M J S I C L
K L S Y E E T V K O D R I D T M S I C Q D T X W Q S R J G O L R G R O
N U A E U V Z L O Q M A R H Y O J I D O H D A A K I I D W S L N A U A F I
  R O Z X E           K M G W U           O B A R U
  C Q N H Z           F W I N O           M R N S E
  W V U K I           U D B Z G           D X D U R
  B G R H U           R T Z L W           X B E H H
  X A P D T           J C R M M           R D G M O
  K W C K W           P U O H Z           S S G W B
  N O S N I B O R L Q U Q N N X Y C N J E W G B V N K W
  R W J B Z N S I S M X X I B U L Q S P O Q J I N I Z J
  J A Y P M X C E P Y Z K M E Q T F E O P P H C E M Z I
  W E M E L K B Y W L E L J P T Y R X A N X L L E E M J
  R U Y L K           S D D N S U X Y L R W M X L V S
  W E G U N           P U S H F Q O           G F V Y
  R U M L H           P A I N Y F L           F I D M
  S M S J Z           X N R H K M T           G J D X
  X J Y I B           G X X K R G Z           Y C W J
  K E P J A           K L A G E E T           E C O C
  Z U P A R K S M Q L F W U W E W R N     D   G H I I
  G Z S L G P G B O U F W U Q V E O O         U D J O
  J U A K E P V B P M K C V F K O L O         G X Q V
  J O P S R V E P R B J A G U F B W C         N Q Y A
  R B O B K O M G Z R G A Y J B I M I         W S X Z
```

WORD LIST:

BARGER	COX	PARKS	THOMPSON
BARKLEY	FLEMING	PERSHING	WHITEMAN
BRADLEY	MEYER	ROBINSON	WILLARD
COONTZ	PARKER	TAYLOR	

More Famous Missourians

ADLELLCW   _____

BBELHU   _____

VRECAR   _____

IBTRAK   _____

RARPDE   _____

LBOW   _____

LMLPSAIN   _____

JAEN   _____

LKBIY   _____

BLEL   _____

GEIAECNR   _____

EKBRA   _____

LAFYLHSC   _____

NHBEA   _____

More Famous Missourians

```
                                R
                                E
                                M
                        W  K    V
                        A  I    D
                        A  T    F
                     E  I  R    W  R
                     F  C  A    E  V
                     U  U  B    R  E
                  Y  N  G  U    G  F  V
                  O  J  D  C    Z  W  K
                  H  U  R  N    S  T  C
               Z  C  B  E  D    M  B  K  C
               T  X  Z  V  I    T  F  A  W
               H  I  H  W  W    G  L  F  V
O P D X G Z G S B R I Z Q B B K L U P M D E A P J E X B H J B U C Y X S O O L
B D N Z X Q X G E Y D G T R L Y B V W X W N J K R I L N D E Y Q O R M C F
   E T S J V B V F Q R E K A B B E C J M H R S K E O D D F Y U I O M
      U L K E J R R U F N J H W L Q M L M A C A Q L W I J Y B X M X
         Q L Z Z A Q S L G Q H L E H N P Z H Z K C T B D Y E U T E
            E D C W C Z E W P F W O Z A L G M V K V G M H F Z
            B N H O A H W T E U D H A Q S T B E K J A D E
            C N T Z Y K J A Z V F S H S E M S S N M E
               C L R D G N V L H Q F T R O J D Y
               A U I G J Y Z H N J E Q H X K
               D C H D O J F S V A Y X I O Z
               A S D N S P M J R U M I W J N
               O B F C S X Q X E B Q L N E I
            S E Z S F B X L W P D X T L D Y V
            G F V R A L Y K N A R C B D I G U
            C H C C M H A N H R W Q O V C P X
         K L V A J Q M G B     D R M Z L Y L S P
         P R K G Y V I         B N J S Q B O D
         Z B N S D C           G A I T L E
      E N A J C K              Z W U K I T
      J V D Q W                N D N X K
      R M P                    V R I
   L K T                       G P U
M H                            K U
C                                 K
```

WORD LIST:

BAKER	BLOW	DRAPER	SCHLAFLY
BARTIK	CALDWELL	HUBBLE	SPILLMAN
BEHAN	CARNEGIE	JANE	
BELL	CARVER	KILBY	

Musicians 1890 - 1927

GFSRENUO _____

RYERB _____

WAEDSRD _____

KIHSWAN _____

SAERK _____

YSHUK _____

DEER _____

OSRETRF _____

RKAEB _____

ESARLIHE _____

SABS _____

OERNGAW _____

YRRTE _____

RARPDE _____

ELLDAWLC _____

NMOSTHO _____

THSMI _____

Musicians 1890 - 1927

```
                    M L I R I P X Z P C
                  L V R Y Z Z Y D M S A E P A Y S
                T O K Q S Q N B V X Z H B C F A U G A Z
              W F S B Y T S G J Y Q N W D B M S A I V T P
            R O L D A E U P M S W E E R T L W I K W M G U U U M
          S X M X L T G R E S G W P C J F O H E Q E P V M V F X C
        Z E C E G A U J A R V O S Z M T M Z R B F A G C T C L U P W
      W E E T N F Q N X Y Q O J N G R Q S S I J I M K L H O I F S V I
        R A Q W O R O S        F I Q B J K Y J        Z O P N D K C Y
      E Q R Q E S V Y P        F K C E Z X B W        D P Q D C G Z Q A
    F L U I R Z M P N H        C W D W Q C S J        B Z J I Z Q L U F P
    L O B U L D O V C Z        G A K V C U L C        B S P M Q M K E Z O
  S Y O K A R N H E X U        C H E O F C J C        V N G Z Y P R A I W A
  X A Q Z A K T T F Z H        K S T U S C J I        P I E T W G A A F H C
  J J X P S L E C U V Y        K Y X W P T P V        G P H O U R K L P A L
E E Y E G P V B R T P L        U L P Q M F T M        D C G S K Q P E O C F G
E W R M V O V C O C T H S G P N A Y D Y A R H Q F L E L M D O D R I A S C W M E
Y L Y K G J W F S E Y U T S L A H T G W F T R N T D Q S S N V O D N A H T I M S
L H X J Q Q C I V O J C R U U X G M F G W C U G W X K Q X A X D S T U I G R G R
I W Q O T T U A G R L N H N W M P U L K H B D A Q M K U V I H F A L U R E E V Z
O A P J I K B T L W O C U O X F K Y S I X O R K R O X Z U O G X W I O E U Y D F
U D P C M M X H M D R J I K G O L G P R L D T B N X M W D Q S R L Y D J H U I R
J R C O M H A Q F P W W Z R A V I K Z W S H O Q K Z D N P R P X W I K A C W A E
Y K V G W T    G P V Q E Q Q V J L M H N S L R T O Y S B Y P S B M   M S G Y Q Z
J Y J V M O    R G J D B L H K I S N T R P B R S F R R Z F C W I M   R G U X L E
  N Y Y G K    D K N W A L K W G K M F L V L Q K X K T G W C N       L B V H I
  M C N S V    U P O P R J W V H T R E N O G A W G N K H C           D E A G Z
  F Y A W Z K                                                       V C R Z K Z
    E E D M F                                                     I B X R B U
    I I P W E J                                                   D R J T Y O V
    D M C T G A                                                   D B G L F P X
    G W O E J T F                                              J S B I N H W G
      Q A R M Z F A U W K B T E M X W Q R R C J Y Z M Z E H V C S A A
        O R N W B L Z N Q C G G N B B N P O G D L K T R X Z E E S C
        Y B V T A A L N K R J V I L D L N W P Q O H Y Q R K N U
        X H Z Y S U G V H K D H S V B S W N W T S K N S O P
        M N A Y S B A E D A A M E J V J K A N O U R U L
        M L S U M T Q B A T S B P P D V Z S H I
          T C F K D H F J Y S Y J K F U S
            S B W J A U X O D R
```

WORD LIST:

AKERS	CALDWELL	HAWKINS	THOMSON
ALESHIRE	DRAPER	HUSKY	WAGONER
BAKER	EDWARDS	REED	
BASS	FERGUSON	SMITH	
BERRY	FORREST	TERRY	

Musicians 1928 - 1962

WORC _____

CVENNTI _____

RMNLADU _____

AWESNATM _____

NOESAPT _____

NDMCLDAO _____

SHWAL _____

AHROISP _____

RETNBTU _____

ULPIDEOSOR _____

USCEIRLNO _____

ASBS _____

AMEJS _____

BBYUMR _____

EUHANIS _____

VNA EDKY _____

ACHCHRBAA _____

Musicians 1928 - 1962

```
                        S
                    D   H
                    T   A   H
                A   C   P   U   P
                D   L   I   N   D   Y
            A   F   V   R   M   V   M   M
        T   D   B   P   O   P   U   V   T   C
        I   L   U   R   P   R   J   I   I   N   S
        Z   R   Z   C   H   D   O   D   U   X   O   Z   B
        F   M   S   W   N   W   O   X   I   F   M   K   B   U
    O   A   U   C   A   W   T   H   G   D   N   S   I   A   R   G
        B   A   C   L   B   E   P   B   O   N   C   Y   I   H   D   D   E
        L   I   Z   A   N   N   K   I   P   B   I   U   F   T   F   F   W   W   Y
        K   L   W   D   F   D   U   H   T   H   A   D   V   Z   V   V   P   R   X   K
    T   E   G   Q   N   L   Q   G   H   E   S   A   C   D   N   S   W   Q   K   U   L   L
    T   W   O   G   M   F   E   Y   H   S   U   M   I   H   N   O   T   S   A   E   P   R   T
J   F   I   I   C   C   T   S   X   X   B   I   J   D   N   A   Z   V   H   O   T   E   I   I   T
X   D   H   D   K   F   X   H   G   F   F   L   D   M   V   W   R   Y   V   Q   Q   M   N   B   S   E
M   E   U   O   T   I   V   U   Z   D   O   B   E   C   T   R   A   C   A   R   V   S   O   H   O   B   O   N
X   Y   N   J   L   Q   A   X   N   Z   X   N   N   G   H   Q   G   C   D   C   U   Y   X   N   G   P   Z   H   R
P   W   A   W   C   Q   R   A   I   T   B   P   Z   R   C   X   V   F   P   D   A   H   U   X   C   A   G   F   G   J   U
F   L   S   J   U   B   K   A   F   F   U   Z   F   O   W   Z   F   S   J   H   A   L   Y   Z   C   G   M   N   H   L   H   B
Y   D   P   I   M   Q   Y   V   J   X   G   M   J   C   C   N   G   S   P   E   X   X   O   P   Y   Q   Q   X   T   R   E   Z   X   N
D   A   O   B   V   Z   L   T   J   O   R   B   R   X   E   C   A   Y   I   A   Z   Z   M   J   H   W   N   F   J   A   A   G   U   J   I
J   A   N   T   F   E   W   H   H   E   S   J   R   C   G   R   Q   W   N   T   G   P   P   U   C   E   O   W   D   D   D   E   Y   C   Z   R   J
S   Z   N   Q   Q   D   U   M   B   H   V   N   Y   F   D   K   C   W   B   J   M   Z   D   K   G   U   R   A   U   S   N   U   W   P   E   Y   R   F
J   I   T   Q   C   J   N   Y   U   S   L   J   X   U   M   L   D   L   Q   Z   C   X   V   T   E   I   Q   C   P   P   N   S   T   Z   S   B   Y   T   H   P
                        S
                        K
                        I
P   K   Y   N   P   B   V   X   B   V   H   T   F   F   S   T   F   R   P   Z   N   B   P   J   J   X   I   O   T   K   L   B   L   Z   O   V   J   E   L   J
S   E   L   D   X   K   O   L   F   F   J   M   Z   B   Q   L   A   P   U   M   N   F   U   R   U   R   I   A   N   O   S   B   P   A   D   X   Q   D
U   K   X   X   P   L   S   B   Y   E   F   S   J   L   S   T   Z   F   M   V   D   I   G   E   F   Y   Q   Q   W   E   U   L   N   S   D   V   S   F
Z   K   K   K   P   H   T   Y   E   W   X   M   E   B   E   O   J   D   P   C   U   B   Z   M   J   Z   F   R   H   C   D   L   S   N   S   B
J   A   Z   Q   G   S   R   A   Q   U   S   I   I   N   Q   M   D   P   V   P   J   Z   K   F   Q   U   Y   O   E   Y   N   R   D   A   Q   P
I   U   Z   L   L   C   N   C   D   S   Y   U   A   D   T   A   N   B   Y   X   R   H   Z   M   O   M   V   K   B   J   I   B   E   T
K   M   I   Y   A   W   K   Z   B   U   O   U   M   F   D   E   J   Y   Q   Y   I   P   E   R   R   X   E   F   H   W   M   V   R   N
    P   D   K   W   U   U   Q   K   M   M   R   I   D   Z   Y   E   Z   O   R   D   Y   U   J   I   R   W   W   D   Y   W   U   B
    H   N   L   D   W   D   X   J   M   B   P   J   R   V   G   S   I   R   U   O   D   E   L   O   P   W   X   D   Z   X   U   D
```

WORD LIST:

BACHARACH	CROW	PEASTON	VINCENT
BASS	JAMES	POLEDOURIS	WALSH
BUMBRY	LANDRUM	SHAPIRO	
BURNETT	MCDONALD	SWEATMAN	
CORNELIUS	NIEHAUS	VAN DYKE	

Musicians 1966 - 1985

MAJES _____

RNOAHETEC _____

ERASTWT _____

OANK _____

YINHGC _____

DRARAET _____

WAYTT _____

MEMIEN _____

SOPT _____

EVSRGO _____

VSTNSEE _____

ODBY _____

RWOBN _____

ESANV _____

RFRA _____

CLSNNATI _____

Musicians 1966 - 1985

```
                              L
                            U A T
                          W G X B B
                        U C F B M B I
                      H I S H R K F D D
                    J G L I Q G B K O C G
                  W H G N P R I I M D P E U
                T O O W K E G J P T S O P T T
              J L A O X J Q O V R W E P N X I G
            U S C R B T N F X N B U G F Q M S Z T
          U F O B H Y D Z H R R O C X D X H N F J W
        I X V B U C I X A N O O M J C S J Q A B X M G
      M H G U U D Q M N R Z W G N D F O M R T X E B T I
    S W Y R M E C U C H G X X J J E G X R G L S N W B T F
  E I X F W W R L P S C A Y B X W D H N X Q O C T D H Y A I
M G S A V C A X B N G L E L J J M J I C G G K A H W S R X Y A
A K G C I Q N X X P D R B E C O S H Q V M A M C D J B T O W O W Y
J J F N A O W B Z G I C J X J T E R M A Z N K E R O V I E I M Y A I N
Q Y Z A Q N S N F F E J R V W J P P V H E Q G P N T P C Y V K D J D M B O
D I I S N K T I D Y S T E W A R T S M N A H R U B C Y K F O E J L I C C X L N
Y L A A Q L Y V L U W N D P B H I Q K V N T D Q J B S Q K N V D W Y J I A
U N S N I G F Q F U S Q E W U E T R M Y S D R T V I T S S V K H I V I
G Q D N P G L A D A D E T B P J L G C U N T N N Z W E N P N O K A
A X C W P C D B U Z A N H J P K S H Z E Z O R W P P V U W U X
K B N W U P Z G T Y D T P W N T L T W X D R S D M Y Y R O
V O Q M N M M R S R J N O U C T P Q T U P K C B X D I
Z Y P X P B W S A P E M E N I M E C J G Z C S N S
K D H M M G Q T A B W J I T W J T E G X E Q D
O D O M E Y A L R Y E H W T T E R Y P I H
J R Q L V E W F G Q C W B G G X H E K
W E Y U R H N W R G O R U I P T G
Y C D V V Y N B O V Y A E S G
F X H K X E D L V M H C M
H A P M M X B K E P Y
O C Z D F S M F S
Z F D P F N O
O K U Q X
N T C
B
```

WORD LIST:

AKON	EMINEM	JAMES	STEVENS
BOYD	EVANS	POST	STEWART
BROWN	FARR	REATARD	TEACHENOR
CHINGY	GROVES	SCANTLIN	WYATT

Negro League Players

LFADECRFI

_____

EERHOJT

_____

NLAAEPMLAC

_____

RLANPLE

_____

RBNOW

_____

DDINEDARG

_____

PRUOTEP

_____

OSNOMI

_____

ABENKDHA

_____

SOONNHJ

_____

ERTAES

_____

MEUQZRA

_____

ILMLGIA

_____

HMTSI

_____

BORMIK

_____

NKBAS

_____

Negro League Players

```
                              D A
                              R X
                              Q D
                              E M
E                             A R                        S
I B                 Z C R D D V D H              D C
  L A           P H E Q R C P M Q C M S          B T
    J N       L C N P U V E W O F M U H Q N C      P B
      W K   M O V I E J U T K S E M C T U T J K   H X
          V S B Y A Z V Y D S K C M L A L F E B H R R
          T D L Q E L O P J A I C U X M K S N G V Z H
          H K S Z A K G H R A E C B X B Z O D R R D F X H
          Q R P U U W G M C B F F W Y P B L A X M H I O E
        C D G K L D X P M Z W M I Y O D G S L K X T E R U B
        F N V N R I X I A E W I I P S Y N S U E I I Q D H
        L G S S L E W B J X N H P K B J M X Q G N S U L H N
      B K C Z F E P N G W R O N I E D T A E F F I L C D A R H W P U A C Y A S
      O E D F S Q C T L C B N J G U T Q K J W D R N F S V V A G W B H D K H S
          C C M K M M Z D X V C H S G Q L Z L T W Z U N P J A
          M I A J E K T C R I N O R K I B N R Z Y R E G O U K
          U F I T J I X E B H G O G O N K O B R D V A M X L F
          P L H Y B I S T K K E S D E U B A Q R G X I P S
          Q L H T R M D U E V D J N P N P D A E H K N A B
          H I R K I R Q O H U M P H Z Z S M B Y L O W Q
          G Y T R G L F X S I E O E O E K N X O Q S V
          K H R A O C G U L E W Z Z U J L V M X Z O N
          P R C A M P A N E L L A T K W V A X I O B H R W
        S J     J X P G A N M K V V T F C H J O B D      C O
      S T         R X E F C I N L D N S R R U N C          F R
  I E               L J H A R J S R Y W Y F                  K B
  H                   T A R V B K Y Q                          V
                          O H
                          O Y
                          P P
                          R A
                          B H
```

WORD LIST:

BANKHEAD	DANDRIDGE	JOHNSON	PARNELL
BANKS	EASTER	KIMBRO	RADCLIFFE
BROWN	GILLIAM	MARQUEZ	SMITH
CAMPANELLA	JETHROE	MINOSO	TROUPPE

Negro League Players Too

ECNWBOME   _____

TENOINGPNN   _____

LAONDRE   _____

HHGUSE   _____

NBRWO   _____

ACOSNKRL   _____

BSNINORO   _____

NSPMOHTO   _____

YAMS   _____

SWLINO   _____

HBNDEAKA   _____

BORNW   _____

RNOAGM   _____

SDFIEL   _____

YAD   _____

NOSJONH   _____

Negro League Players Too

```
        R G U N G A                          N B M W P V
      V V Y L I T Y C E                    J Q G D W R W W W
    C D G U S I N H E O W                T S X Q P M T I X B C
  X T U K W P J D O R D E B             W W Y S V H E B A L R D J
J M O B S G F N C X Y G J V O         H U B S Q D B R N I N O H C V
S F L T K Z L N M E X D L C L         M A E C N S O H B N V W D S L
E E E E Q H R O X I M B W T G I G     Y I D I P C W L W L A I N I O V T
X V M R Z J S M C J T K K Q I C R Q   T T O I I N X M C F S R N U L R H
Y S Z U P K B Y M C S N Y N N W I C H H R G X D D M S T A I A J I G F R Z
J V R T R Y M R R N A G R O M W P O Z R H K B E Y I Y Y U C V Q V G T G B
D X J A M V O I J E F J D H P E M Q M R Q X Y F C S H A V J A N S H L O Y
X A L T J Q C T T C L I Z N X P F F W K W C L P F P O T G C O B F S A M N
G C E I H H W L O D K M Q I S P S T Q I K G S T L J B M Z K W A O W R H E
G N H H J Y E G X O M I T O O J X X A O L T E L E L N G X Y H D J J I Q B
P R P X K N N A V S F L N A U H C Q O G A S W E V A Z B C C X Q K H Z U J
  N R D L N D U M O K N V Z E H R T Q X O U O J A W I K F T E M D S V G
  A R Q O W A L I O N E Y G B P P W O S Y A K N J F J W K X P W T T F U
  H W K K H U B B V N X U M B U F J K Y H T F J M W L G H Q D H N Q F Y
    Q V M G Y O K O O G L Z I D Z P Y A G O I G P S Y Y G O G Y C J R
    P Y L V X Z D N S Z X G J T I E Z M V C A M S B S W U F T Q D D U
      O T F R W O S N L F X J B L Q U N R M Z X J H Y S M Y B P Y N
      Z P X W E P U I S L K S A X B R N B C G O X X K W N N D H I Y
        Q T B F D L B G S W Z Z Z P P Y J W H R H V Y I L Q O V
        C H O Z E I O N P E D D Y C T L S N D A V U L M C J X Q M
          O Z P S T R F S O H H I K G F S K E G T Y V S V R I G
          L R C G O J E B Q G N G J O T D W O J E A R V G R
          X P Q B Q O J A U G U U N J U T D I T V I D E U Q
            E I I F P L C U M S H B S H W G V V W N D N I
            A D P A P Z U P U R J X J C R A I T P G Z
              P N Z L J A S E B B S L I Z H J C Y Y
              Z V Y X O Y U D S D L E I F F A A
                U A F A D Z R L H G T M C I D
                S U X B L A N W A K W U P
                  B U S I N D X R W Z M
                  K G L O K Q P T C
                    R V E I U B L
                    O L A G V
                      G I Z
                      N
```

WORD LIST:

BANKHEAD	HUGHES	MAYS	ROBINSON
CLARKSON	I BROWN	MORGAN	THOMPSON
DAY	JOHNSON	NEWCOMB	W BROWN
FIELDS	LEONARD	PENNINGTON	WILSON

More Negro League Players

BYDO

_____

NNNMAGI

_____

TSMIH

_____

RVNII

_____

ILONE

_____

NJOONSH

_____

EMNYRCH

_____

YDOB

_____

NAHTURM

_____

SOIGNB

_____

YBDR

_____

SOETN

_____

TCFIHEUDRCL

_____

AORNA

_____

ERNHY

_____

FLRAFEICD

_____

More Negro League Players

```
              M E K Y U T M W M F
            G L E A J Y E T L K E O J I D T
          X I P S Z N P E J E L C T D Y M G G K D
        Q S N K Z J N G F K T U M V U F M H U W T L
      F G R M X E B F I E N N C T G G D C E Q Z O K S R S
    T H B I U R U R S N N X H J Y J M V N G Q H D C W G C V
    S M Y I G H F I V T G Z U G M N Q S R D Y X W T X J I S W R
    H X O X E H U M L I Z Q U S U J J F Y E V A H X R D E I M H C E
  W B C K N J A Q N E U O Q Q D W P S F T A N H T I S I I P N H P
    H V L E R F I I E K W Y R Y O Z O Z K L F Y I R W O I X C N K G T I
  R L B Z J Y J Y G T Y F M B Z N Y H I X W J Z M U X C C M K O Z Z S Q E
  K I P U P O V G J T Y N O Y P L T S S T O N E X I T I I R C C I R R M
  Y T L O S N V E C E H L D T L E X V T O D Q B O P J Z A D A U J Q A M B B U
  A D Z O V X F D R W T J B T L H I O L N D Y H W R R V D Q A A T M X Z X N U
  J N E D O N S F K U T S S H D V A I T V G S P U R S S T U U F Q C W T D N S
  B R Q W V R H U K G D Z Q O B U V W U I V C I C I H V B Q Q E J T S H U W E L W
  T A Z T N V S L H J E X T N H U V N X L R G Y O I U A A Z W D R Q D K F F S R U
  J U E G C F R E Q B G I R Y B B J Q X O H T T W Z F G H W S G B L R W K I D K Q
  C S F H N I Y M F Q U C T J K A T Y W E S G A H N Y M A B R D M K Y P O R E G O
  O F K F R S P V W N A V D O I W B D U N T O I G L N D U X G R W I B S F C U L M
  K U K P I M O Q E R U L F B P R O M X M O G H M D M P F V R V T U W D T S U D D
  H C P B U G G N Y T E W Q M P R Y D V L F R I J C F N M I N J K F N B Z H C J Z
  U L K F S A S H A R T Q W Z Z Z D M T O J N G B H V A S O M H V C G Q I A R A R
  D P K X R H V L U G N Y B K I G W K P E E M B X S N L R T I I A M U I I Q I H M
  W B Z Q H S F C N L S E P B P X G K M P O R V F D O A Q U M I Q V B U H P M L W
    T K B D Z G B C Y C C H C X N T G U X H E G A B A N N X P L Y V I R T W C S
    G K F W K S R Z B J X I C A O I C L L N Y X A V C A O E G G Z P Q Q S E J B
    Q I U I N F M N I D G S M M J S V D H O B B Q D J H J V X U I O E G A A G J
      X U G O E Y W T N Y R U J X N P I B O U Z K M X W Y S B M V W M K K W Q
      K W V S M I Q W A U P T H L J M N A T V W A L P C J U I C E P N I V R I
        I I N G L K J H C V W P A W Q U J H T I M S I C T O S T H R J N U E
        P C H O U W T E H M Z P U N Z O P H R I K U B O R I Y A A T M C L F
          O O C V H V I U P Z S B Z Q W T X V Z C P K D D I W D P X N R V
          J T T X K K L C E J Q T C Q R L R V X L X N N F C Q K G M M
            V V I W E K O L G I F K D O L F C H N T V R L R Y I G Z
            S N P P P S E G A I F I N X A S A R N B I P A R P G
              M B V J W R P C R X Y E G X Y Y Z U F C T L I E
                C M F L M H U U U I W T W P J F V U K X
                  U K J M O M T L P J F V E B F Z
                    A A W X U V G I Y D
```

WORD LIST:

AARON	DOBY	JOHNSON	RADCLIFFE
BOYD	GIBSON	MANNING	SMITH
BYRD	HENRY	MCHENRY	STONE
CRUTCHFIELD	IRVIN	ONEIL	THURMAN

Missouri Symbols

What do they symbolize?

1.	_____ Amphibian		a.	Bobwhite quail
2.	_____ Animal		b.	Bullfrog
3.	_____ Aquatic animal		c.	Channel catfish
4.	_____ Bird		d.	Crayfish
5.	_____ Dinosaur		e.	Crinoid
6.	_____ Fish		f.	Eastern bluebird
7.	_____ Fossil		g.	Honeybee
8.	_____ Game bird		h.	Hypsibema missouriensis
9.	_____ Horse		i.	Missouri Fox Trotter
10.	_____ Insect		j.	Missouri mule
11.	_____ Invertebrate		k.	Paddlefish
12.	_____ Reptile		l.	Three-toed box turtle

Missouri Symbols Too

What do they symbolize?

1.	_____ Beverage	a.	Big Bluestem
2.	_____ Capital	b.	Black walnut
3.	_____ Dessert	c.	Cave State
4.	_____ Flower	d.	Fiddle
5.	_____ Folk dance	e.	Flowering dogwood
6.	_____ Grape	f.	Galena
7.	_____ Grass	g.	Ice cream cone
8.	_____ Mineral	h.	Jefferson City
9.	_____ Musical instrument	i.	Milk
10.	_____ Nickname (2)	j.	Missouri waltz
11.	_____ Nut	k.	Mozarkite
12.	_____ Rock	l.	Norton
13.	_____ Song	m.	Show Me State
14.	_____ Tree	n.	Square
		o.	White Hawthorn Blossom

First 17 Governors

Number in order from 1-17

1. _____ Frederick Bates

2. _____ Lilburn Boggs

3. _____ Daniel Dunklin

4. _____ John Edwards

5. _____ Hamilton Gamble

6. _____ Willard Hall

7. _____ Claiborne Jackson

8. _____ Hancock Jackson

9. _____ Austin King

10. _____ Meredith Marmaduke

11. _____ Alexander McNair

12. _____ John Miller

13. _____ Trusten Polk

14. _____ Sterling Price

15. _____ Thomas Reynolds

16. _____ Robert Stewart

17. _____ Abraham Williams

Last 17 Governors

Number in order from 40-56

1.	_____	John	Ashcroft
2.	_____	James	Blair
3.	_____	Matt	Blunt
4.	_____	Christopher	Bond
5.	_____	Christopher	Bond
6.	_____	Mel	Carnahan
7.	_____	John	Dalton
8.	_____	Forrest	Donnell
9.	_____	Phil	Donnelly
10.	_____	Phil	Donnelly
11.	_____	Eric	Greitens
12.	_____	Warren	Hearnes
13.	_____	Bob	Holden
14.	_____	Jay	Nixon
15.	_____	Forrest	Smith
16.	_____	Joseph	Teasdale
17.	_____	Roger	Wilson

Largest 15 cities

Number in order from largest to smallest

1. _____ Blue Springs

2. _____ Chesterfield

3. _____ Columbia

4. _____ Florissant

5. _____ Independence

6. _____ Jefferson City

7. _____ Joplin

8. _____ Kansas City

9. _____ Lee's Summit

10. _____ O'Fallon

11. _____ Saint Charles

12. _____ Saint Joseph

13. _____ Saint Peters

14. _____ Springfield

15. _____ St. Louis

Missouri State Parks

Which county are they in?

1.	_____	Bennett Spring	a.	Adair
2.	_____	Cuivre River	b.	Barry
3.	_____	Ha Ha Tonka	c.	Barton
4.	_____	Hawn	d.	Camden
5.	_____	Johnson's Shut-Ins	e.	Cape Girardeau
6.	_____	Knob Noster	f.	Dallas
7.	_____	Meramec	g.	Franklin
8.	_____	Pershing	h.	Iron
9.	_____	Prairie	i.	Johnson
10.	_____	Roaring River	j.	Lincoln
11.	_____	Sam A Baker	k.	Linn
12.	_____	St. Joe	l.	Reynolds
13.	_____	Taum Sauk Mountain	m.	St. Francois
14.	_____	Thousand Hills	n.	Ste. Genevieve
15.	_____	Trail Of Tears	o.	Wayne

Missouri Counties

Match the counties to their county seat.

1. _____ Boone		a. California
2. _____ Callaway		b. Clayton
3. _____ Cole		c. Columbia
4. _____ Crawford		d. Farmington
5. _____ Franklin		e. Fulton
6. _____ Gasconade		f. Hermann
7. _____ Jefferson		g. Hillsboro
8. _____ Lincoln		h. Jefferson City
9. _____ Maries		i. Linn
10. _____ Miller		j. Montgomery City
11. _____ Moniteau		k. Potosi
12. _____ Montgomery		l. Rolla
13. _____ Osage		m. St. Charles
14. _____ Phelps		n. Ste. Genevieve
15. _____ Saint Charles		o. Steelville
16. _____ Saint Francois		p. Troy
17. _____ Saint Louis		q. Tuscumbia
18. _____ Sainte Genevieve		r. Union
19. _____ Warren		s. Vienna
20. _____ Washington		t. Warrenton

Missouri Counties Too!

Match the counties to their county seat.

1. _____ Adair		a.	Bowling Green
2. _____ Audrain		b.	Edina
3. _____ Chariton		c.	Huntsville
4. _____ Clark		d.	Kahoka
5. _____ Knox		e.	Keytesville
6. _____ Lewis		f.	Kirksville
7. _____ Linn		g.	Lancaster
8. _____ Macon		h.	Linneus
9. _____ Marion		i.	Macon
10. _____ Monroe		j.	Memphis
11. _____ Pike		k.	Mexico
12. _____ Putnam		l.	Milan
13. _____ Ralls		m.	Monticello
14. _____ Randolph		n.	New London
15. _____ Schuyler		o.	Palmyra
16. _____ Scotland		p.	Paris
17. _____ Shelby		q.	Shelbyville
18. _____ Sullivan		r.	Unionville

More Missouri Counties

Match the counties to their county seat.

1.	_____	Andrew	a.	Albany
2.	_____	Atchison	b.	Bethany
3.	_____	Buchanan	c.	Carrollton
4.	_____	Caldwell	d.	Chillicothe
5.	_____	Carroll	e.	Gallatin
6.	_____	Clay	f.	Grant City
7.	_____	Clinton	g.	Kingston
8.	_____	Daviess	h.	Liberty
9.	_____	DeKalb	i.	Maryville
10.	_____	Gentry	j.	Maysville
11.	_____	Grundy	k.	Oregon
12.	_____	Harrison	l.	Platte City
13.	_____	Holt	m.	Plattsburg
14.	_____	Livingston	n.	Princeton
15.	_____	Mercer	o.	Richmond
16.	_____	Nodaway	p.	Rock Port
17.	_____	Platte	q.	Savannah
18.	_____	Ray	r.	St. Joseph
19.	_____	Worth	s.	Trenton

And More Missouri Counties

Match the counties to their county seat.

1.	_____	Bollinger	a.	Alton
2.	_____	Butler	b.	Benton
3.	_____	Cape Girardeau	c.	Bloomfield
4.	_____	Carter	d.	Caruthersville
5.	_____	Dent	e.	Centerville
6.	_____	Dunklin	f.	Charleston
7.	_____	Iron	g.	Doniphan
8.	_____	Madison	h.	Eminence
9.	_____	Mississippi	i.	Fredericktown
10.	_____	New Madrid	j.	Greenville
11.	_____	Oregon	k.	Ironton
12.	_____	Pemiscot	l.	Jackson
13.	_____	Perry	m.	Kennett
14.	_____	Reynolds	n.	Marble Hill
15.	_____	Ripley	o.	New Madrid
16.	_____	Scott	p.	Perryville
17.	_____	Shannon	q.	Poplar Bluff
18.	_____	Stoddard	r.	Salem
19.	_____	Wayne	s.	Van Buren

Even More Missouri Counties

Match the counties to their county seat.

1.	_____	Barry	a.	Ava
2.	_____	Barton	b.	Carthage
3.	_____	Christian	c.	Cassville
4.	_____	Dade	d.	Forsyth
5.	_____	Douglas	e.	Gainesville
6.	_____	Greene	f.	Galena
7.	_____	Howell	g.	Greenfield
8.	_____	Jasper	h.	Hartville
9.	_____	Laclede	i.	Houston
10.	_____	Lawrence	j.	Lamar
11.	_____	McDonald	k.	Lebanon
12.	_____	Newton	l.	Marshfield
13.	_____	Ozark	m.	Mount Vernon
14.	_____	Pulaski	n.	Neosho
15.	_____	Stone	o.	Ozark
16.	_____	Taney	p.	Pineville
17.	_____	Texas	q.	Springfield
18.	_____	Webster	r.	Waynesville
19.	_____	Wright	s.	West Plains

Still More Missouri Counties

Match the counties to their county seat.

1.	_____	Bates	a.	Bolivar
2.	_____	Benton	b.	Boonville
3.	_____	Camden	c.	Buffalo
4.	_____	Cass	d.	Butler
5.	_____	Cedar	e.	Camdenton
6.	_____	Cooper	f.	Clinton
7.	_____	Dallas	g.	Fayette
8.	_____	Henry	h.	Harrisonville
9.	_____	Hickory	i.	Hermitage
10.	_____	Howard	j.	Independence
11.	_____	Jackson	k.	Lexington
12.	_____	Johnson	l.	Marshall
13.	_____	Lafayette	m.	Nevada
14.	_____	Morgan	n.	Osceola
15.	_____	Pettis	o.	Sedalia
16.	_____	Polk	p.	Stockton
17.	_____	Saint Clair	q.	Versailles
18.	_____	Saline	r.	Warrensburg
19.	_____	Vernon	s.	Warsaw

Branson Attractions

Match up what the attraction is.

1.	_____	Baldknobbers Jamboree	a.	1880's theme park
2.	_____	Branson Landing	b.	Arts and craft village
3.	_____	Branson Scenic Railway	c.	Dolly Parton's dinner show
4.	_____	Butterfly Palace	d.	Finalist group on America's Got Talent in 2007
5.	_____	Dixie Stampede	e.	First show on Hwy 76
6.	_____	Dutton Family Theatre	f.	Goes 40 miles through Ozark foothills and tunnels
7.	_____	Marvel Cave	g.	Goes from Branson to Eureka Springs, AR
8.	_____	Mel's Hard Luck Diner	h.	Lake Taneycomo Waterfront shopping
9.	_____	Mutton Hollow	i.	Outdoor drama
10.	_____	Presleys' Country Jubilee	j.	Roy Rogers was an original member
11.	_____	Shepherd Of The Hills	k.	Servers sing while serving food
12.	_____	Silver Dollar City	l.	Silver Dollar City built around the entrance to this
13.	_____	Sons Of The Pioneers	m.	"The show that started it all."
14.	_____	Table Rock Lake	n.	Tropical themed attraction with a mirror maze
15.	_____	Titanic Museum	o.	World's largest museum attraction

Actors 1848-1916

What were they in?

1.	_____	Goodman	Ace	a.	Ace Goes To The Movies
2.	_____	Jane	Ace	b.	Bugs Bunny - Animator
3.	_____	John	Beal	c.	Easy Aces
4.	_____	Noah Sr.	Beery	d.	How To Marry a Millionaire
5.	_____	Wallace	Beery	e.	Monkey Business
6.	_____	Morris	Carnovsky	f.	Outlaws of Pine Ridge
7.	_____	Robert	Cummings	g.	Screenwriter - The Man Who Would Be King
8.	_____	Friz	Freleng	h.	Smart Money
9.	_____	Betty	Grable	i.	The Champ
10.	_____	John	Huston	j.	The Devil and Miss Jones
11.	_____	Evalyn	Knapp	k.	The Gambler
12.	_____	Frank	McGrath	l.	The Heir at Law
13.	_____	Eva	Novak	m.	The Legend of Lizzie Borden
14.	_____	Jane	Novak	n.	The Romance of Runnibede
15.	_____	Vincent	Price	o.	The Whales of August
16.	_____	Ginger	Rogers	p.	The Yanks Are Coming
17.	_____	Sol Smith	Russell	q.	Wagon Train

Actors 1917-1930

What were they in or what did they do?

1.	_____	Robert	Altman	a.	As The World Turns
2.	_____	Ed	Asner	b.	Director And Screenwriter
3.	_____	Henderson	Forsythe	c.	Falcon Crest
4.	_____	Redd	Foxx	d.	Fletch
5.	_____	Betty	Garrett	e.	Gunn
6.	_____	Dabbs	Greer	f.	Gunsmoke
7.	_____	Robert	Guillaume	g.	Laverne & Shirley
8.	_____	Moses	Gunn	h.	Little House On The Prairie
9.	_____	Brenda	Joyce	i.	Night At The Museum
10.	_____	Wendell	Mayes	j.	Perfect Harmony
11.	_____	Virginia	Mayo	k.	Sanford And Son
12.	_____	Geraldine	Page	l.	Screenwriter - Anatomy Of A Murder
13.	_____	Craig	Stevens	m.	Soap
14.	_____	William	Traylor	n.	Tarzan's Magic Fountain
15.	_____	Dick	Van Dyke	o.	The Best Years Of Our Lives
16.	_____	Dennis	Weaver	p.	The Mary Tyler Moore Show
17.	_____	Jane	Wyman	q.	The Trip To Bountiful

Actors 1932 - 1949

What were they in or what did they do?

1.	_____	Linda	Bloodworth-Thomason	a.	As You Like It
2.	_____	Kent	Broadhurst	b.	Babylon 5
3.	_____	Lynn	Cohen	c.	Bring It On Director - Conan The
4.	_____	Frank	Converse	d.	Barbarian
5.	_____	Don	Davis	e.	Hill Street Blues
6.	_____	James	Franciscus	f.	Matt Houston
7.	_____	George	Hearn	g.	Miami Vice
8.	_____	Don	Johnson	h.	Movin' On
9.	_____	Andreas	Katsulas	i.	Mr. Novak
10.	_____	Lincoln	Kilpatrick	j.	Playwright
11.	_____	Kevin	Kline	k.	Producer And Screenwriter - Designing Women
12.	_____	Marsha	Mason	l.	Stargate SG-1
13.	_____	John	Milius	m.	Sunset Boulevard
14.	_____	Holmes	Osborne	n.	The Goodbye Girl
15.	_____	Betty	Thomas	o.	The Hunger Games: Catching Fire

Actors 1951 - 1961

What were they in or what did they do?

1.	_____	Scott	Bakula	a.	7th Heaven
2.	_____	Gerry	Becker	b.	A League of Their Own
3.	_____	Fred	Berry	c.	Adaptation
4.	_____	Brent	Briscoe	d.	Director - Eve's Bayou
5.	_____	Chris	Cooper	e.	Forrest Gump
6.	_____	Bob	Gale	f.	Inside Out
7.	_____	John	Goodman	g.	Melrose Place
8.	_____	Arliss	Howard	h.	Parks and Recreation
9.	_____	Janet	Jones	i.	Peggy Sue Got Married
10.	_____	Kasi	Lemmons	j.	Perfect Strangers
11.	_____	Mark	Linn-Baker	k.	Producer and Screenwriter - Back To the Future
12.	_____	Michael	Massee	l.	Quantum Leap
13.	_____	Edie	McClurg	m.	Roseanne
14.	_____	Kevin	Nealon	n.	Saturday Night Live
15.	_____	Phyllis	Smith	o.	Spider Man (2002)
16.	_____	Kathleen	Turner	p.	The Amazing Spider-Man
17.	_____	Jack	Wagner	q.	True Blood
18.	_____	Mykelti	Williamson	r.	What's Happening!!

Actors 1962 - 1971

What were they in or what did they do?

1.	_____	Rob	Benedict	a.	Captain America: Civil War
2.	_____	Norbert	Butz	b.	Catch Me If You Can
3.	_____	Don	Cheadle	c.	Charlie Wilson's War
4.	_____	Greg	Comer	d.	Chicago Fire
5.	_____	Eddie	Griffin	e.	Director - Guardians of the Galaxy
6.	_____	Davis	Guggenheim	f.	Director and Producer - ER
7.	_____	James	Gunn	g.	Director, Producer
8.	_____	Jon	Hamm	h.	Felicity
9.	_____	George	Hickenlooper	i.	Judging Amy
10.	_____	Edward	Kerr	j.	Mad Men
11.	_____	David	Koechner	k.	Malcolm & Eddie
12.	_____	Cedric	Kyles	l.	Parts Per Billion
13.	_____	Denis	O'Hare	m.	Strictly Business
14.	_____	Timothy	Omundson	n.	The Facts of Life
15.	_____	Julie	Piekarski	o.	The Office
16.	_____	Christian	Stolte	p.	The Soul Man
17.	_____	Joe	Torry	q.	Third Watch
18.	_____	Jason	Wiles	r.	What I Like About You

Actors 1972 - 1987

What were they in?

1.	_____	Ryan Michelle	Bathe	a. American Horror Story
2.	_____	Andrea	Bogart	b. Army Wives
3.	_____	Johnny	Bosch	c. Bosch
4.	_____	Jeff	Branson	d. Cheap Seats (2)
5.	_____	Sarah	Clarke	e. Days of Our Lives
6.	_____	Erin	Daniels	f. Episodes
7.	_____	Nathan	Darrow	g. General Hospital
8.	_____	Lucas	Grabeel	h. Gilmore Girls
9.	_____	Sean	Gunn	i. Heroes
10.	_____	Jay	Johnson	j. High School Musical
11.	_____	Ellie	Kemper	k. House of Cards
12.	_____	Mircea	Monroe	l. Power Rangers
13.	_____	Evan	Peters	m. The Dukes of Hazzard: The Beginning
14.	_____	Leonard	Roberts	n. The Exes
15.	_____	April	Scott	o. The L Word
16.	_____	Jason	Sklar	p. The Office
17.	_____	Randy	Sklar	q. The Young and Restless
18.	_____	Kelly	Stables	

Artists

What was their art?

1.	_____	Thomas	Barnett	a.	Architect
2.	_____	Thomas	Benton	b.	Painter/illustrator
3.	_____	Michael	Evans	c.	Painter/muralist
4.	_____	Walker	Evans	d.	Painter of the Old American West
5.	_____	Frederick	Hibbard	e.	Photographer of the Great Depression
6.	_____	Donald	Judd	f.	Presidential photographer
7.	_____	Archie	Musick	g.	Sculptor/furniture design/architecture
8.	_____	Charles	Russell	h.	Sculptor of The Falling Man
9.	_____	Ernest	Trova	i.	Sculptor of 19th-century figures

Authors 1835-1907

What did they write?

1.	_____	Zoe	Akins	a.	Adventures of Tom Sawyer
2.	_____	E.M.	Bounds	b.	Books on Prayer
3.	_____	Kate	Chopin	c.	Books on Theology
4.	_____	Samuel	Clemens	d.	Children's poetry
5.	_____	Lester	Dent	e.	Doc Savage novels
6.	_____	T.S.	Eliot	f.	Folklorist
7.	_____	Eugene	Field	g.	Historian
8.	_____	Robert	Heinlein	h.	Historical fiction
9.	_____	Langston	Hughes	i.	Playwright
10.	_____	Rupert	Hughes	j.	Poetry (4)
11.	_____	Marianne	Moore	k.	Science fiction
12.	_____	John	Musick	l.	Serenity Prayer
13.	_____	Ruth Ann	Musick	m.	The Awakening
14.	_____	H. Richard	Niebuhr		
15.	_____	Reinhold	Niebuhr		
16.	_____	Sara	Teasdale		

Authors 1908-1971

What did they write?

1.	_____	Maya	Angelou	a.	Black Hawk Down
2.	_____	Mark	Bowden	b.	Children's Books
3.	_____	William	Burroughs	c.	Co-Creator Of Howard The Duck
4.	_____	Michele	Dunaway	d.	Co-Founder Of Beginner Books
5.	_____	Suzette	Elgin	e.	Crime Fiction
6.	_____	Mary	Engelbreit	f.	Eloise Children's Books
7.	_____	Gillian	Flynn	g.	Harlequin Romance Novels
8.	_____	Phyllis	Fraser	h.	High Fantasy
9.	_____	Martha	Gellhorn	i.	I Know Why the Caged Bird Sings
10.	_____	Steve	Gerber	j.	Non-Fiction
11.	_____	William	Heat-Moon	k.	Playwright
12.	_____	William	Johnstone	l.	Satirist
13.	_____	David	Limbaugh	m.	Science Fiction
14.	_____	Dennis	McKiernan	n.	Thrillers
15.	_____	Kay	Thompson	o.	Travel Writer
16.	_____	Tennessee	Williams	p.	War Correspondent
17.	_____	Daniel	Woodrell	q.	Westerns and Horror

Aviators, Founders, & Inventors

What are they known for?

1. _____ Thomas Akers

2. _____ Henry Bloch

3. _____ Richard Bloch

4. _____ William Danforth

5. _____ Howard Sr. Hughes

6. _____ Ewing Kauffman

7. _____ Bill Lear

8. _____ J.C. Penney

9. _____ Rex Sinquefield

10. _____ John Sperling

11. _____ Jack Taylor

a. Astronaut

b. Co-founder of H&R Block (2)

c. Created Standard & Poor's first index fund

d. Founder of Enterprise Rent-a-Car

e. Founder of JC Penneys

f. Founder of KC Royals

g. Founder of Lear Jet Corp.

h. Founder of Ralston-Purina

i. Founder of University of Phoenix

j. Inventor of rotary two-cone rock drill bit

2015 College Hall of Fame

Match the athlete to their sport.

1.	_____	Cheryl	Burnett	a.	Baseball
2.	_____	Al	Eberhard	b.	Basketball (5)
3.	_____	John	Henage	c.	Cheerleading
4.	_____	Charlie	James	d.	Equestrian
5.	_____	Gayle	Lampe	e.	Football (2)
6.	_____	Ben	Loeb	f.	Golf
7.	_____	Squeaky	Marquart	g.	Powerlifting
8.	_____	Karen	Rapier	h.	Race walking
9.	_____	Cathy	Reynolds	i.	Sports fan
10.	_____	Jerome	Sally	j.	Tennis
11.	_____	Gary	Stanfield		
12.	_____	Jon	Sundvold		
13.	_____	Suzy	Thompson		
14.	_____	Kate	Walker		
15.	_____	Larry	Young		

Entertainers
What are they known for?

1.	_____	Ralph	Barton	a.	Broadcast Journalist
2.	_____	George	Booth	b.	Caricaturist
3.	_____	Harry	Caray	c.	Cartoonist
4.	_____	Walter	Cronkite	d.	Cartoonist - Barney Google & Snuffy Smith
5.	_____	Lee	Falk	e.	Cartoonist - Bizarro
6.	_____	Dick	Gregory	f.	Cartoonist - Bringing Up Father
7.	_____	Al	Hirschfeld	g.	Cartoonist - Mother Goose & Grimm
8.	_____	Craig	Kilborn	h.	Cartoonist - New Yorker
9.	_____	Fred	Lasswell	i.	Cartoonist - The Phantom
10.	_____	Rush	Limbaugh	j.	Comedian (3)
11.	_____	Dana	Loesch	k.	Radio Personality
12.	_____	Kathleen	Madigan	l.	Radio Show Host
13.	_____	Mary M.	McBride	m.	Sportscaster
14.	_____	George	McManus	n.	Talk Show Host (3)
15.	_____	Melanie	Morgan	o.	The First Lady of Radio
16.	_____	Mancow	Muller	p.	TV Personality
17.	_____	Marlin	Perkins		
18.	_____	Mike	Peters		
19.	_____	Dan	Piraro		
20.	_____	Chris	Stigall		

Military Heroes

What are they known for?

1. _____ Charles Barger

2. _____ John Barkley

3. _____ Omar Bradley

4. _____ Robert Coontz

5. _____ John Cox

6. _____ James Fleming

7. _____ Wayne Meyer

8. _____ John Parker

9. _____ Floyd Parks

10. _____ John Pershing

11. _____ Roscoe Robinson Jr.

12. _____ Maxwell Taylor

13. _____ Stephen Thompson

14. _____ George Whiteman

15. _____ Arthur Willard

a. Commander of 101st Screaming Eagles in WWII

b. Commander of the Gatling Gun Detachment in the Spanish-American War

c. Father of the Aegis weapons system

d. First man to plant American flag on Cuban soil in the Spanish-American War

e. Flew 292 combat missions during Vietnam War

f. Fought in Indian Wars, Spanish-American War, Philippine-American War, Mexican Revolution, and WWI

g. Navy Admiral sailed with the Great White Fleet

h. Posthumously awarded the Navy Cross for WWII Battle of Midway

i. Vietnam War Medal of Honor recipient

j. Vietnam War recipient of two Silver Stars and other awards

k. WWI Medal of Honor recipient (2)

l. WWI aviator

m. WWII army general

n. WWII aviator killed in the attack on Pearl Harbor

More Famous Missourians

What are they known for?

1. _____ William Baker   a. Architect best known for his landscape architecture in the Chicago, IL area

2. _____ Jean Bartik   b. Astronomer whose findings changed the scientific view of the universe

3. _____ Johnny Behan   c. Botanist known for his work with peanuts

4. _____ Gordon Bell   d. Early computer programmer and designer

5. _____ Susan Blow   e. Engineered the Burj Khalifa

6. _____ Alfred Caldwell   f. Father of inertial navigation making moon landings possible

7. _____ Dale Carnegie   g. Founding father of agricultural economics

8. _____ George W Carver   h. Frontierswoman

9. _____ Charles Draper   i. Inventor of the handheld calculator

10. _____ Edwin Hubble   j. Microcomputer pioneer

11. _____ Calamity Jane   k. Mother of kindergarten

12. _____ Jack Kilby   l. Motivational speaker

13. _____ Phyllis Schlafly   m. Political activist

14. _____ William Spillman   n. Sheriff of Cochise County, AZ during the gunfight at the O.K. Corral

Musicians 1890 - 1927

What's their music or what did they do?

1. _____ Doris   Akers   a. Composer

2. _____ Lennie   Aleshire   b. Composer, Conductor

3. _____ Josephine   Baker   c. Country (4)

4. _____ Martha   Bass   d. Country, Gospel

5. _____ Chuck   Berry   e. Gospel (3)

6. _____ Sarah   Caldwell   f. Jazz, Pop

7. _____ Rusty   Draper   g. Jazz, Swing (3)

8. _____ Cliff   Edwards   h. Jazz, Vaudeville

9. _____ Bob   Ferguson   i. Opera Conductor

10. _____ Jimmy   Forrest   j. Rock

11. _____ Coleman   Hawkins

12. _____ Ferlin   Husky

13. _____ H. Owen   Reed

14. _____ Willie M. Ford Smith

15. _____ Clark   Terry

16. _____ Virgil   Thomson

17. _____ Porter   Wagoner

Musicians 1928 - 1962

Match the counties to their county seat.

1. _____ Burt Bacharach
2. _____ Fontella Bass
3. _____ Grace Bumbry
4. _____ T Bone Burnett
5. _____ Helen Cornelius
6. _____ Sheryl Crow
7. _____ Bob James
8. _____ Dan Landrum
9. _____ Michael McDonald
10. _____ Lennie Niehaus
11. _____ David Peaston
12. _____ Basil Poledouris
13. _____ Tom Shapiro
14. _____ Wilbur Sweatman
15. _____ Leroy Van Dyke
16. _____ Rhonda Vincent
17. _____ Steve Walsh

a. Americana, Country, Rock
b. Bluegrass, Country, Gospel
c. Country (3)
d. Country, Pop, Rock
e. Film Score
f. Gospel, Soul
g. Hammered Dulcimer Player
h. Jazz (2)
i. Jazz, Ragtime
j. Opera
k. Orchestral Pop
l. Pop, R&B, Soul
m. Pop, Rock, Soul
n. Rock

Musicians 1966 - 1985

Match the counties to their county seat.

1.	_____	Akon		a.	Christian
2.	_____	Neal	Boyd	b.	Country (5)
3.	_____	Norman	Brown	c.	Country, Rock, Soul
4.	_____	Chingy		d.	Electro, Pop
5.	_____	Eminem		e.	Hip Hop
6.	_____	Sara	Evans	f.	Hip Hop, Metal, Rock
7.	_____	Tyler	Farr	g.	Hip Hop, R&B
8.	_____	Sarah	Groves	h.	Hip Hop, R&B, Soul
9.	_____	Brett	James	i.	Jazz
10.	_____	Tech	N9ne	j.	Metal, Rock
11.	_____	Louise	Post	k.	Operatic Pop
12.	_____	Jay	Reatard	l.	Punk, Rock
13.	_____	Wes	Scantlin	m.	Rock
14.	_____	Tate	Stevens		
15.	_____	Wynn	Stewart		
16.	_____	Jamie	Teachenor		
17.	_____	Kimberly	Wyatt		

Negro League Players

Which team did they play for the most?

1. _____   Dan   Bankhead   a.   Black Barons

2. _____   Ernie   Banks   b.   Buckeyes

3. _____   Ray   Brown   c.   Clowns

4. _____   Roy   Campanella   d.   Cubans

5. _____   Ray   Dandridge   e.   Elite Giants (2)

6. _____   Luke   Easter   f.   Elites

7. _____   Junior   Gilliam   g.   Homestead Grays (3)

8. _____   Sam   Jethroe   h.   Monarchs (2)

9. _____   Mamie   Johnson   i.   Newark Eagles

10. _____   Henry   Kimbro   j.   Stars (3)

11. _____   Luis   Marquez

12. _____   Minnie   Minoso

13. _____   Red   Parnell

14. _____   Ted   Radcliffe

15. _____   Hilton   Smith

16. _____   Quincy   Trouppe

Negro League Players Too

Which team did they play for the most?

1. _____ Sam Bankhead   a. American Giants

2. _____ Ike Brown   b. Black Barons (2)

3. _____ Willard Brown   c. Black Sox

4. _____ Buster Clarkson   d. Clowns

5. _____ Leon Day   e. Elite Giants

6. _____ Wilmer Fields   f. Homestead Grays (3)

7. _____ Sammy Hughes   g. Monarchs (5)

8. _____ Byron Johnson   h. Newark Eagles

9. _____ Buck Leonard   i. Stars

10. _____ Willie Mays

11. _____ Connie Morgan

12. _____ Don Newcombe

13. _____ Art Pennington

14. _____ Jackie Robinson

15. _____ Hank Thompson

16. _____ Artie Wilson

More Negro League Players

Which team did they play for the most?

1.	_____	Hank	Aaron	a.	Buckeyes
2.	_____	Bob	Boyd	b.	Chicago Giants
3.	_____	Bill	Byrd	c.	Clowns (3)
4.	_____	Jimmie	Crutchfield	d.	Crawfords
5.	_____	Larry	Doby	e.	Elite Giants
6.	_____	Josh	Gibson	f.	Homestead Grays (2)
7.	_____	Joe	Henry	g.	Memphis Red Sox
8.	_____	Monte	Irvin	h.	Monarchs (3)
9.	_____	Connie	Johnson	i.	Newark Eagles (3)
10.	_____	Max	Manning		
11.	_____	Henry	McHenry		
12.	_____	Buck	O'Neil		
13.	_____	Alex	Radcliffe		
14.	_____	Gene	Smith		
15.	_____	Toni	Stone		
16.	_____	Bob	Thurman		

WORD
SEARCH
ANSWERS

Missouri Symbols

```
            R G R F A H Y N N V
          F U V H D Q S U K S P F I C U Z
        Z X L Y S Y A Q B C H I J Q E W R F Y
      L N N V K U C P S M F E N X F I U E J V J T
    T Z F N F L U R A X U P V E M V L E H R R Z P V O I
   N E O L N J A J P H U W R O B E L E L L T Z C K G A G B
  Y J N D H Z N O W C B D E P H Y X X A R G D H O A K Z J P P
 X C U L K F L Z U J T K I O Z B E X Q C X A D D A D N A N Q R
O M T R D K R N A G G S E A W E N C W P D N O I A S G U I Z M B
D K Q D H E T E N K V X Z C I L E O U X V N H W Q A P C L D L T M Y
N F H O S L S Z N D X P E N Y T C J H Z D E E G X V M H W T M S U I L T
K T G Y Z I I S H F B T Q S R U C S H X L A D U Q G Y P B D S J Q S W J
S C Y C L H C L X I A D B R U N C S A J C J R R S M S G X U N O I R S U V D
 Y A X D I M Z J S L P T Y X T R D A Q A A S V G K S G W X E U C O D K W
Q R J O E M I E L V C N X E H B A Y T R W J K L O M I D L D W V L O U O S X
N O M T L O U I Z T K Q O E Q Q P E F U G I H U J M O A G E N J I H X R F S Q O
T T Y T Y S A N F E D B G T I I A I A N A U B O V U D O R C J A C R D I J O H W
M M G D A Y M B A N D T W V X R S B W M R L H E S L U G R H U E U W B F Q V U X
N U W K C N G O A E N K P C S H U A C Y G A J J U V J H F Q C Z N J J O W I B B
Q Q Q W U U P S O I A V G M M Z P O O Z O P O D A L G S E S J Y Y X H X H W R V
X X Z E V Q H T E P Z F H B O R G A S Z Z B K I Z P B T T L L H P W R T E W W T
F B D X G L E Z Y I G B U T R F F C O S Q T N B T K I N N E C G F C O R S S R F
D O E N D E T M Z L X M S I X V F L O P I F B T B H C O R Z J E A W U O Q N W C
B X L P R H F I E O W U Y M M X O F R B M M U Y W P H C Z E V P D S X T T Z T O
H Y Q H E K Y Y F I F U N R Q E W D S J B J A B T E R Z W W T I H R F T K L I L
 T T Y U V W Q J X G Q T B R X S U B Y H L O M J I R Q P I M S E L L E N W R
 Z Z L U C T B E T P G D Z E W Q A L C W B N C E Q G K P L Z R A N N R U S Q
 H Y Z I P K P Z L I Z A B O V D U D U C I I G D B O B S P E F V E P E D B U
  V X W B E N G Z L E Z R T K P U F Z K P O V B B I C G W Z D V A N Z U S
H S I F Y A R C W Q U G S F W Y G C H L V M L N S S R A U F P O W L Y F
 N H Y G Q X J W F J K J A Z M X Z R N U E O L F H P V W A G M L U I
 X K V X S M O Q Z A Y R R S H R T E G L B L U Z E M Y H Q X F B W L
   P Y C H Q U E D J M Z W G Q D R G S S R A B A J O F H D R E T N
    J G R T R D Y J E G E W M C K P C W D I X E J J U H O M U K
     F S P Q Z G L B B L S S B N R Z G V J P N F J K G F K U
     V E B B R X A T I M R Z I E L U M I R U O S S I M J
      F F E Z C F N F Q T N V R Y B L B X C N E S Q L
        I Z E W X S Q O H E I X B N W A L X Y K
         M R I S I O C F W P D L O A W Q
           O X Y K B V L I U Q
```

WORD LIST:

BOBWHITE QUAIL

BULLFROG

CHANNEL CATFISH

CRAYFISH

CRINOID

EASTERN BLUEBIRD

HONEYBEE

HYPSIBEMA MISSOURIENSIS

MISSOURI FOX TROTTER

MISSOURI MULE

PADDLEFISH

THREE TOED BOX TURTLE

Missouri Symbols Too

```
                    N L T
                    P B H J
                      C W A N
                        X I I D
                        Q W T V
        M O D T F G W      H Y E A        I Z R F W B Z T
        Z B A U T N J J H    J R S I V N Z   Z X F Y A R E A L W
        U P J C W M J I Z T I K N F K L T R E U C M W Z U Z Z M Z J
        L D Z O C E N M E H O D T M S M F J K T Y H D C Z B G I L E G D
        X B L Y I H T F U H X O K E T K Z O C B F P N F M Y I J F F P L
        F T G K Z S Q Z I T U W J B O H Q K M A H T F G H X R T F E O B D B
        G K S J P W J Q R X K E Z N V O S A Y F T Z Z E H E R K E E V A M X Q H
        Y R U X M V W Q F J T R Q J A E M X W F C Z N A R A A R D E S R N K C A
        W Y S W I N K S N A W R A J F W Q X T U O W Y O T S X Z O I P D D Y F
        G N E K B N B M N T H Z T J Z V W J Q C V H R G P J O Z C I M S O C R F G S
        N S T K U C I U S A P J U N F O K O W G M F O I Z N L A M X I W M Q S X B E
        R W K E T D S E E L G B O D B X M H Q B I T G R C C I P F U I E K M N L N
    Y Q P M Y J F M N Y A A R A C E D L R D O H K H I N B G E F X G P X O O E X I X
    T F J F Y I W Q H Z I T H M K S O K T L O S T R K B E W W B F G J T B L
    S U S O P O I N C N O E S E K T E X O Z S Y N T Z A L Q Q J V U R V C S N W I
    K J W B H I S A U N M O O K L S E T C W M Y I J A A K A O L N M F T I H E H U G
    F V N S J W B E T T D W C G H A S D U N G M U K C G E J Z S Z P T R G P U D Z K
    H B I V N A A O L L Q M E S M E G I C Q J O I K K O P F H N S U B Z M Z L R Q B
    L A O N J H Q N J D O N O K I G X N T T A J D L W X O C D H P O X R X L B Y Q M
    W G V U R X T F O A D U S Z S F G J V Y Q J X G O W C V W N R N M O M O G X R E
    B Q E L M U T X T P U I X Y S B M D V T H A N Y N M H U F F L D R Z J I R T U
    C P R B S H I Y E N Y I F C O E K Y X C S X M T U I M A N T C I M I G O B Y T H
    I T S N Z L M B I F D R L M U N O L E Y U L Y S U C R H D E O P K Y A M R Y A P
    M R M L C C G H B K I S Z R J O V K I M W K E I N F C S X W L C K Q I N R
    L U G G A E W L B G N J I I Q I W I U H X L I G S L R W J X A D B E K K P E
    S K P U B W X V R R O C Y W H Y D O V R N C X A I E A Y O Q C Z T U A F P U
    P L U I B X M E S L K V A W E R A U Q S J L I A H U W G L I S U I X F P
    G F K Y M E C E T Q Q C L X O I X P F Q O K M L J S Z K F F Z W D D X L
    V O E T V G S J A O T T M K E O Y H G Z C K R S U X H C Y I L V W I
    C U R W R H A C T M Z J F W J O P T O F M O G O S T Y A S W Y S E
    G L U F G M Y L I S Z U J N D H K N G B M Z V K H R Q I L R Z B
    X K L I M S X P P E Z L R Z Q E K B H Z W R O H D X I A B O V
    J Z P O X B Y N Y U V P C O E P N U C Y O V Z I O I Q K W I
    E N X B S   B N F A O T R J R S T S M   P Y Z E R T
                H P P C D K W C K D G
```

WORD LIST:

BIG BLUESTEM	GALENA	MOZARKITE
BLACK WALNUT	ICE CREAM CONE	NORTON
CAVE STATE	JEFFERSON CITY	SHOW ME STATE
FIDDLE	MILK	SQUARE
FLOWERING DOGWOOD	MISSOURI WALTZ	WHITE HAWTHORN BLOSSOM

First 17 Governors

```
                        A
                      R I
                    H J R Q V
                  D Z R R R Z O
                X L J E W I W X V
              H O Q L K A A E R O S
              H U R L T H J D G F M Z K
            A E N I L K N U D R A G V M I
            V N K M Z O D D E X I T O L C Q K
          J G W C R T D Q Z O L N Y Y T V G G Q
          P C T N R O A W F R L T S E D T G L S O A
        N T O P X I V N T M I L Y I G F H P Q W W L T
        K W N G Z O C K O X W H G R A R Z K J V X K J R
        B W T H G J R Y Z S E Q S F M A Z A T D T I N X N W N
      P M Q P P O P C E O K Z L K B F V T K W G B Q G V H Y Q M
      O Y R Z O U W I E U G C N V L P U P R I C E G W Q B N Z L M A
    U S E X B L Y K B P C I A K E L O R V Z Q S T S Y E L F U I A S
    G R N D A Y K U O Z O C K J R V M K C X G K K B Y S C E X K O I W W X
  J R T J P R R Z G J H S J Q C Z M H U A V M K T U S P D A J A S L N E S I
        A A G R E             W J D X V             X U R D T
        Z S W U X             K R A M S             Q D I B E
        S W Y D F             T I M O B             F Y A E V
        W D R T E             U P R O O             B E N S B
        T S J Z J             B S A U R             Y V C G Z
        S T E U L             K F M Y Z             E L M A N
        W L I G T O D S B C Q L H U R R Y J E R Y B O X K M G
        L G I T X Z F Q K N X U O R W Q L H N R E I N B K D Z
        M R A E R L Q B Q D H I K B J M O J G K O Y C H A G B
        Y D J W Q F C H Y C N A R A K L R S Y B A Y N Y O L R
        K M I W Z             M V L D J R L R V U Z P O J D T
        Q M P A D             B Q E A G N V             W L C B
        E D N B F             Y D L I O L K             T N D A
        N M S G V             A Y D S M J Y             T B H S
        Y W U E C             H L K A B A Y             G U Z O
        B V C Q T             Q C A Z H V D             P A Q Q
        C U O Z E A S T B V E A L R C T K G         Z   F T S Z
        M K U L V O B N X V J B K A B T N H             A K X S
        V N V L L A H O Z H H B H B T J V A             G N R G
        H M X P A L K R E M Q Y N O F B X I             B T R E
        W E Y T O Q Y S Z O W E C Q W Q T P             S O V W
```

WORD LIST:

BATES	GAMBLE	MCNAIR	STEWART
BOGGS	HALL	MILLER	WILLIAMS
C JACKSON	H JACKSON	POLK	
DUNKLIN	KING	PRICE	
EDWARDS	MARMADUKE	REYNOLDS	

Last 17 Governors (2016)

```
                        U
                        T  E
                        P  P  R
                        K  U  W  S  Q
                        V  R  H  E  P  I
                        E  V  R  Q  N  X  A  U
                  S  R  G  U  H  R  U  B  Z  J
                  E  J  Q  K  T  A  O  K  O  L  U
                  Z  Y  E  Q  Y  K  E  D  O  N  N  Z
                  T  S  Z  Z  R  L  H  W  W  U  E  D  K  E
               S  L  C  F  K  B  D  F  X  F  R  D  B  K  Y  N
               T  T  K  X  S  H  Q  N  I  M  K  L  Z  I  V  U  P
            Y  C  K  L  C  C  T  H  Y  S  I  M  O  S  N  Y  U  D  U
            T  C  Y  R  F  V  M  Y  P  H  M  W  H  Y  U  A  P  D  F  A
         Q  N  P  V  A  E  L  J  Q  B  U  M  N  R  U  T  N  O  S  L  I  W
         D  A  D  C  E  L  G  X  U  D  C  E  I  U  E  J  N  Z  Q  R  Y  S  G
      N  F  X  U  D  I  A  M  Z  Y  B  P  A  D  C  F  A  V  N  N  K  C  S  Z  V
      G  H  H  L  S  I  D  R  K  Z  U  L  F  E  Q  O  H  L  W  H  D  X  B  N  Z  W
   N  S  U  B  Y  W  E  S  I  M  I  B  C  D  N  S  A  M  Y  R  V  N  V  N  O  A  Z  I
   P  X  N  A  A  Q  G  A  Y  H  I  P  T  A  X  B  Z  Y  T  F  V  H  A  D  Z  N  T  H  B
N  G  H  C  E  H  G  T  E  M  V  Z  C  N  W  J  A  K  H  L  W  X  W  O  M  I  K  D  A  S  O
O  Q  M  N  C  T  N  R  T  E  D  B  U  C  Y  E  P  A  P  B  L  A  Q  V  W  M  H  K  G  O  Q  O
Q  X  J  A  L  F  V  I  U  A  A  Q  A  I  Z  R  Y  J  S  X  U  E  E  I  D  P  I  S  Z  H  L  C  K  M
O  I  V  H  L  E  V  X  E  Z  X  Y  M  Y  E  X  N  O  T  L  A  D  S  N  V  Y  H  G  M  G  C  P  E  A  E
C  R  N  W  F  G  Z  B  P  B  R  C  H  P  Z  S  H  X  V  V  Y  D  H  E  O  N  R  L  K  Z  L  P  N  S  O  B  U
O  W  W  N  I  L  Z  P  T  B  Y  G  A  P  U  F  A  I  W  D  M  X  N  I  K  A  O  I  F  F  O  Z  F  S  L  T  G  B
O  R  A  W  G  T  B  D  V  O  N  R  M  B  Z  G  M  Y  N  O  M  H  P  Q  F  X  H  F  D  X  I  R  I  V  Y  K  X  J  C  W
                        B
                        W
                        B

D  B  V  M  T  E  I  M  U  K  K  E  Q  I  S  J  J  Z  Y  F  S  C  X  E  Y  M  V  M  W  A  Y  Q  P  B  D  F  D  V  K  O
A  V  F  Q  T  K  O  B  D  R  X  C  B  E  Z  G  D  M  H  E  P  V  A  S  B  R  M  C  Y  K  V  L  Y  A  O  O  N  T
O  L  T  T  X  I  V  W  L  P  D  O  N  N  E  L  L  Y  F  O  M  H  N  S  Z  X  Y  H  J  Z  E  U  Q  N  X  G  I  E
C  W  D  N  U  E  P  X  P  N  D  J  W  H  W  V  O  G  Z  C  H  N  I  H  A  N  B  Y  L  P  X  N  J  Z  Z  M
A  X  R  P  U  N  I  I  U  B  T  I  F  H  Z  F  J  X  S  D  H  N  S  V  C  R  S  U  V  O  E  A  B  H  Y  K
L  L  D  Q  L  S  A  A  H  B  N  T  L  K  N  A  H  A  N  R  A  C  G  H  R  E  S  W  L  Q  C  B  A  S
F  W  Q  Z  M  B  F  M  G  V  I  N  E  N  Y  V  G  T  N  D  F  G  A  S  K  O  A  L  U  S  S  Z  D  F
D  S  D  F  R  Y  Y  P  M  C  X  S  U  Q  J  N  H  S  L  K  W  P  Q  U  F  G  G  Z  I  G  D
Q  F  V  D  K  X  X  S  T  N  N  A  X  S  U  X  C  B  N  I  R  R  U  V  H  D  A  E  V  Z  L
```

WORD LIST:

ASHCROFT	C BOND	HEARNES	TEASDALE
BLAIR	DALTON	HOLDEN	WILSON
BLUNT	DONNELL	NIXON	
BOND	DONNELLY	P DONNELLY	
CARNAHAN	GREITENS	SMITH	

Largest 15 cities

```
        U S W M W Q                          A J G L S F
      Y M P H U Q B G L                    A G U P Y W M L B
    L O Y R R B F C C Y I                O P J N G U E V Q M D
  X E B R I D U I Q S K Q L            W T W W O W A J J R U G K
P A J B D N C Q F O T O P X U        T O K I X A I B M U L O C U Z
N X R R K G F Y F S T K Y X O        E F N G Y U G Q J S N H O L L
Q T T P Y Q F L T L Z D D D U C    U M D W V G P S X D J O P L I N F
C A T W V R I T R K I U L M F O N T   C E E N T P E D A D T H L G G R Y R
F Q Z X T F E S U A Y O A O W L T L Y W P I P Y F U G I H O K L S Z A E B
L S Y C N Q L Y F B J Y Z M P O E N E R V M U A G L N G F G A V V E L C
K J S C O O D E F G I T L N W I L R N F Q G N U Z I G T W J Z F K X G B O
O N I P T F Q O N Z L A T P R P S D I Z J J S R G M P C Q Q H O O M A Z H
Y T X V C K R D P I G Y H N S F E F A S Y X R W M K E H U X W A O E J B T
Y Y R Y H G Y H U F X D Q M K N S C I Y S S B S U R P A Y I K N N I B R X
C L U G P I P Q O Z U A N Y C B Q N Q A T A B P T V O R L U S R O L K D D
T P F E L O S N C B M B E D K B Q W T M K N Y H F D L C Y T X U U V Y
T Q B H W S T H W U F I N L Q J M F Y I M Q E K X E A U Y E C J G U
B U Q I R T M L Y M J X E U B D M Z L J R G I N Z N S J S S J M C W S
C O L B G M N C M T L D K H G D A O D B Z C R H E S D P Y Q A Z E
M I Y G D B T Q L D U E G U H Q Q T L P U N D Z C H R W A N H O U
M T Q K D L E I F R E T S E H C J C W W O M O K I B T X P Y L
J T T Z E T T N W A J W C W J Z I E W H S R T N X E Q E U F T
M A V D Q E M X F S A S K O Y X T Q I R G V T G S V C D
S V Y E N L D N B Y R T Q S U W E Q L E S F H G O D M Z D
Y U W F S W I X D K E V X T D O J L F I B S J B L V W
T M G I Y F E N W X T F U R R S P F W M T L Y L O
I G Z U S T H Y W L I E P N T K F E X N Q Y K E Z
S D L V A I S C Z M L P K S G A J D B V W Y
V C S J Z C R Z M P L T C M L A V B J Q M
K V S W O S K U W H C N R S C N D B O
K I Y Q V A S V E I T I T Y W F K
J Z T E U S R Z H B L A J F X
S O E B E N N Y A V N S Z
X Z L E N A P H H M I
Q M L G M K X L P
F P X Z L S E
A R K V A
A R K
K
```

WORD LIST:

BLUE SPRINGS	INDEPENDENCE	LEES SUMMIT	SAINT PETERS
CHESTERFIELD	JEFFERSON CITY	OFALLON	SPRINGFIELD
COLUMBIA	JOPLIN	SAINT CHARLES	ST LOUIS
FLORISSANT	KANSAS CITY	SAINT JOSEPH	

Missouri State Parks

```
              B A O G H W O D T P
              G B N U E U I K M S Y N W A H N
          L Q J Z W A Q K M N F Y F N K K A L A X
          E S N R O T Q Y S K A U D H K P V W V K D E
      N K R E L J L I J X B L V P F X E N Q C G I S D P Z
      I O J Y G R N H O M F U R L N H D A F Y L S P S K R X O
      W E U Z Y Z P P G W H S O S X I A E T T D A A G K U F V O V
    D Z I R B U F K Q P I J A Y S W R H M A L U G R M I I T C A N V
    N K R O P G E E X Q H R G Q T N S X D K H S S V Z P C X H G Q P
  S I W L N T J O N W D I B T A J H B I H N R P J Z F G J F A E Y D Q
  C J B S T A I F L V Z N J N S Z O K L X Z A V P P I W J L X H D P G B
  M D N N Q K Z A U P G N M Z C X E R N G E O V S X Q R F C L Y H E M V K
  O E U S I Q T O C T R H F X P C B A K W T C K J B U A U Q P C W X D S G B K
  L D L G T D R J Q I N F U Y M J F K E F L G N T V E O I V O C L O G I V D Y
  W Y Y L U W T Q V Y G U Q X S J Z X O M Z G I Q C B Y H X O D A L S E H C N
  J R B Y U H E R E Q U G J O G G Y B L A H L B M S L E F N T H R E J G K P U B Y
  M W K L C S F R M U X N X V M K G I P H H E R B X T Q A N I H X H M F M B I Z J
  N C S S X S D D C R S I F L O K A Q R J J N Q I M D J F D P N H N Y Q L V V R
  C X U T B N T M B S A R R W G R U Y L M K K L M O Q P I C T D Q I I Q W R B F
  B A X G E O V R H N P P X O T M K A F K O I U Y J T T D I U S R G G Z Q U E C S
  R W U X K S O R R E T S O N B O N K S Q I S S Z X G U I E V L I F R I P W R D Q
  E U N X P N J Q F M A T B Z L X I K M S K H J U K C C J L C E V Q G X W I X Y
  D B D C X H N W L A N T W L K T U V C Q U T L X N B I O T I V X E I S Y R V Y V
  D G P F Z O X C P R M E L Z J N S X E S R A F J H D A Q F Z V X V G T Z T E L A
  S M Y M Q J Y Z W X N N U H O Q C Q Z T T X L W J C W S V X J L I F C R E B
  U E V D H B I I F M N Q B K X S O L T J B U V H A Y L D Z D L X X L X D K S
  R W R A U M Q K K T E Q K Y K G X R V K Q V X K G X O O X N T A S C A T A V
  P Z W A U Z Q Q K V B B D X P E N W P T Y J E N V T O T V X E T Y T Z M V P
  J Q E M C M W P G F S D V M L X R Y K Y W P H U N U R Y B R C K C A P W
  R S P N E U E K X Q W K K R A I D U Z M S G Q O B O L Q R G X B T S K
    R V U P C W B E H Z F C T I K F U Q H I S P Z L X P F O V L A C B W
    Y B U G U N T A X K J U R G J N M S F D N A H C G Q G J K W E T W
    U Q A Z M X G N U I I Q X T S O C O Y T Y U B Q L N P E N W L Y
      I C Z A C H M Q E J R Y N Q V T Z Z U Q A K I O Y R O M P T
      M X X A C R Q C T O I T I U N A Y S U N K Z E Y D A Y B
      Y G I M N O C T R K C O P R S H S N J O O N N Y H
        A H W P E R S H I N G D N A O A Y L J G J V J P
          J Z R P Q V X Y I L H V S B H E I M Z S
            P G N S G S T V S L E O M F L G
              R R F L B F G I M J
```

WORD LIST:

BENNETT SPRING	JOHNSONS SHUT INS	PRAIRIE	TAUM SAUK MOUNTAIN
CUIVRE RIVER	KNOB NOSTER	ROARING RIVER	THOUSAND HILLS
HA HA TONKA	MERAMEC	SAM A BAKER	TRAIL OF TEARS
HAWN	PERSHING	ST JOE	

Missouri Counties

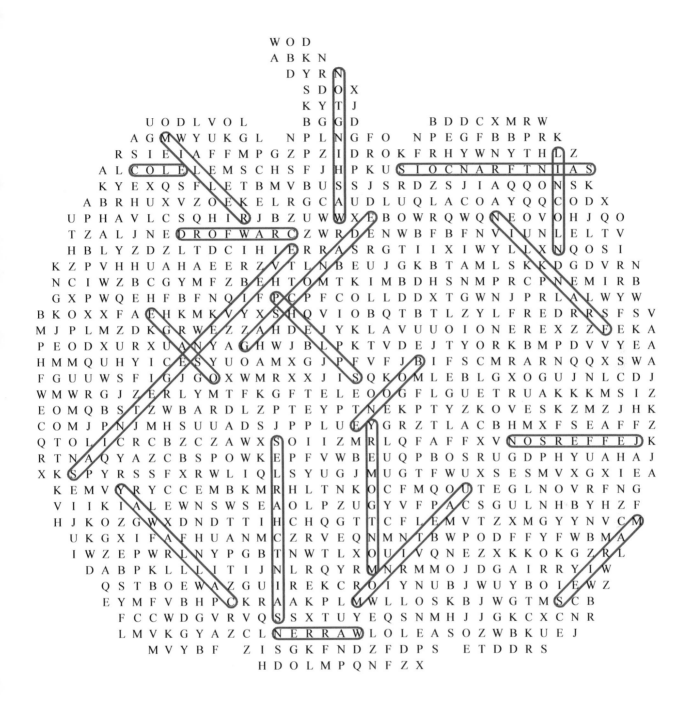

WORD LIST:

BOONE	GASCONADE	MONITEAU	SAINTE GENEVIEVE
CALLAWAY	JEFFERSON	MONTGOMERY	SAINT FRANCOIS
COLE	LINCOLN	OSAGE	WARREN
CRAWFORD	MARIES	PHELPS	WASHINGTON
FRANKLIN	MILLER	SAINT CHARLES	

Missouri Counties Too!

```
        J G K C U E                            S H M P B X
      M I R H W L J E W                      S D B Y X B I W Q
    I W S X W I L K P A Q                  K S U L L I V A N A C
  I R T Y Q N C T D A F K K              U R N R P V E V Z G R D
V H W N I Z K J F J R B D L A          R B O D M J A F T A M C J M S
W I U L V R C C M R H V Q I N          N T I N S Q V N T Z R F B K J
M M U E O C O H W L L Q V Y M P M      C I R W A T I X S D X W I S Q X Y
A Q R X H O A H D L J N K N Y O L P    X R I H V L H P H Z I O X X L D F Y
N V A W J A B J B I T W W K H E N A X  S Q I T M R D H B Y L F F A E O
T K L E R I M I C W U W M F B R Q R H  V C C X U O V X H L S Z D P L A U P
U A K H X Z F H I Z X X T O W H B C O F H Y H P C G Q K C S T C Q H B Z U
P I V Q D G S D C H W B M U O W J V Z E C E Z L S S I H B Q E A U J R O P
P A E R H U Y F E K G P W N H G T T S D M D K J J N U R J X H U D W P U F
X B F Y Y Y T B K I P A S Y A I N I Q Y Q A X U W Z N X E V D Y A U F D
M K E Z O N F G L I H D T J S W W K R A L O E C L C O B L X R R S H Y P E
  E G E G R K M S E F V V Q H E U Y Z I U D X E N W B X O M J A O Y G W
W U K Y R A V O Q H F K V L C H U E W H R R W F T O A H L Z I S R F I
K P I L C L Y V L T S A H Z F R M U Y L T C O P H I O V K D N U W Y K
  R W O Q Z G R Y W G V K B S X E H B F A O X R X N E C H M X F Y E
  Z N A K W X U V H R V C P A O M Q R V P Z V D X L W K T T C L B D
    Q Y I L I E Q L K P Z Q E O Y A X K U U G L F X N X T F S T R
    F W T B X X O H L P P I M O B G U G V R B B O X G N F M X A B
    I D M N P U P I Z D P S C T U B P A P X C C Y L A I F L K
    V J J X U Z U Q V S Y O S M C F A X O G K E H X L P L H E
    K W D J S G F E O V B E M Y D J M D P W O X Y T S V S
      Q P J G T T N A K M U T F D C O Q I C A F I X J B
      U T V V N B R Q O Q H B R B Z U U R F M E P O Q
        L V F W G M H S H Z R N S I S Q M M Y M I L Q
        C O Y Y I Y O N B Q I K J K D G H H M Z Q
        Z S B W N V S G G A O Q X O N K H Z E
          G C T U L R L P T G N R C A X D C
          P O T Q F M C H N R I I W Z G
            U I M P K S D J H A F B E
            G M C O Y S J L D B Q
              X V X F E I W A C
              K U L M X D L
                I Y J L S
                  T F X
                    W
```

WORD LIST:

ADAIR	LEWIS	PIKE	SCOTLAND
AUDRAIN	LINN	PUTNAM	SHELBY
CHARITON	MACON	RALLS	SULLIVAN
CLARK	MARION	RANDOLPH	
KNOX	MONROE	SCHUYLER	

More Missouri Counties

```
                X S B V V T P B D I
              R H I S K E Y E D B F Q R J O T
            M A F N E M M D H I C W X V N N Y R D Q
          P E Z U I U X W Q G E M R E C R E M X U B C
          P O M O W V I P D C Z A K L T P X C H D M N U F N P
        X J U W B A M Y R P F T I H K V F W W C C W I M E O R E
      T Z Z E Z D M X A T C M T H N K S M F J L V L J V R S N L Q
      L C R L Z O D D X V Q A A C L Z W N D I E V J T H J S I O S B M
      V R B X H W X S       W R O L E U Y M         V L D H O U Y U
    G Q E V B B E R D       I M R E D W P E         U J H C R M Q R U
  W Y S S A U P V A T       V Y E O P E W P         Z F O T J K L V D S
  P E C T C D M S Y Z       A Z U K L X Z D         T E X A F I C T J I
  L V L X H B U O V X E     X M C W Q L E Z         S G L K V C P Y F M O
  E I Q A B I I N T J N     B I R A E K V L         Q Z D I K L B G U U M
  I G N W T Z C F J H B     G Q R T A G H T         O N N Y J Q F S Q T D
  H I A H Y J T G G K B     P L Y L Z F F R         Q G U E C O R A Z L W W
  K N V N P S Z E V U I S F A Z P L P B K G J T F H X Y K S O D P X F Q L V J O B
  E B V Y N S U Z N W M W Y B U A Z A Q V N Z I S X T K O C Q V U C Q J D B U
  Y O B E M L V F G J F E E F X R L J V U X M P J G P O P L C Y N O S I R R A H
  H Y H Z B W J Q J R R G M Y A T W B R J E F B H O N H R E L H I N R F Z X K A W
  H A Z F P I V W K D U Y Y C L V G C X L T I Y C T R J W E A N I E F J J B M T U
  H X E X F C J O N F Y N S U Y S B M Q S Q L V U Z R K R U Y W X R O Q Q C P E O
  L L T V Z K E A C S G Y D D W S H G F B T X A F T V O J Q H Z M S Y W I I F J F
  E O L C O S   T A C T Q P Y R G B A S S A X B M K Z F W I Y A G X   S I V E D X
  Q U Q N A V   G Z S J M V N X A G T Z E J Z P G Y G X W N G G F X   E Y R J E T
    I T L W K   L X N G Z R T C H X O Z J G B B F F E I J M X C   H U P G A
    O O Z A Z   Z E D M C Y O K G W B F P M H D C T W X L B     R S Y C D
  D P Q D I Z                                           W F X R M A
  B Y O U V                                           X T F D T S
  I T N C N L                               U H Q X D N F
  Q B H K O I                             M O B A F M E
  H Q O I B T W                         M L G O G W H G
        O K J F G N E Q H R I Y X N S J T F Z O R U S H P T P U X V H R
      K Y F X A I O A M M A L Y D P U E O C Q O Q I T C U Q P O M
      K J K B Z L Y J D W Q J Z H J J N A Z A V A L Q E D J W
      Q H K F Z C B U T B S V J V J W F P J I X C B W G F
        P F E I Z J T Z P N F U V A B Q O B G P R D J E
          W D J O J L L E W D L A C D D F J C C R
            F R F R Q M X P Z H V V D G H G
              L O B H L T G B R G
```

WORD LIST:

ANDREW	CLAY	GRUNDY	NODAWAY
ATCHISON	CLINTON	HARRISON	PLATTE
BUCHANAN	DAVIESS	HOLT	RAY
CALDWELL	DEKALB	LIVINGSTON	WORTH
CARROLL	GENTRY	MERCER	

And More Missouri Counties

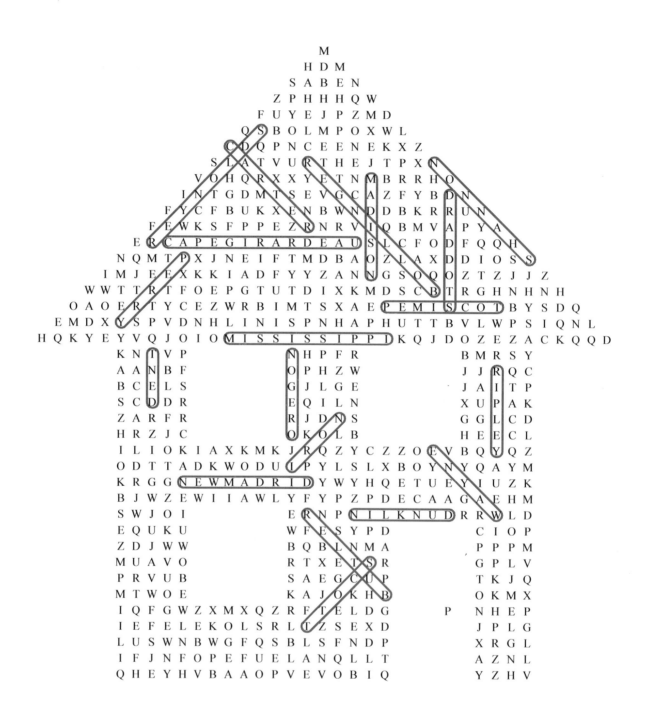

WORD LIST:

BOLLINGER
BUTLER
CAPE GIRARDEAU
CARTER
DENT

DUNKLIN
IRON
MADISON
MISSISSIPPI
NEW MADRID

OREGON
PEMISCOT
PERRY
REYNOLDS
RIPLEY

SCOTT
SHANNON
STODDARD
WAYNE

Even More Missouri Counties

```
                    N
                M   H
                Q   V   D
              O   H   B   D   Y
              E   B   X   P   L   L
            A   L   D   E   A   F   A   H
            R   M   F   U   D   J   P   U   U   P
            Q   M   R   E   A   U   V   D   E   U   V
          F   B   O   B   P   D   L   M   N   W   L   T   M
            T   Q   H   J   U   S   Z   Y   Q   Z   A   M   S   K
          R   P   T   U   F   B   R   T   N   W   W   C   O   C   R   J
          W   F   P   G   B   Z   D   D   P   M   E   L   A   N   E   P   M
          R   B   N   K   W   I   Y   R   D   I   B   O   E   Z   Z   G   D   M   T
        N   Z   M   N   B   I   E   T   C   G   C   X   D   Y   Z   M   P   O   F   A
      G   U   O   K   S   O   A   H   N   C   Z   C   Y   E   S   L   D   H   T   U   Y   K
      L   G   P   Y   J   N   L   L   H   O   T   Z   N   G   L   Z   T   C   F   C   G   Z   K
      R   G   V   O   A   T   B   F   R   N   Y   T   A   I   S   E   E   J   E   V   X   F   L   P   S
      E   M   Y   N   D   N   A   I   I   Z   X   T   S   V   Q   E   Y   V   G   D   C   X   P   A   Q   N
        S   E   E   D   R   F   X   S   L   T   B   N   Q   H   D   R   G   F   M   O   R   K   A   J   S   B   P
        I   Z   L   C   W   R   T   F   K   B   F   V   P   H   L   U   W   E   Y   N   H   L   A   M   V   G   P   Y   A
      F   Y   Q   V   R   N   I   A   H   S   P   U   L   A   S   K   I   O   E   B   O   D   O   A   K   U   N   Q   J   T   U
      Q   S   P   N   D   A   B   H   B   R   O   M   L   D   B   O   Y   R   P   W   X   A   T   J   N   P   L   A   W   G   Y   P
      K   I   X   A   J   N   X   R   B   U   T   H   I   W   L   A   R   Y   Y   E   Y   C   K   P   O   Z   O   L   N   Y   V   E   M   G
      C   S   M   E   Y   H   O   B   E   W   T   S   I   H   W   Y   L   W   D   I   Q   Q   U   C   G   T   D   M   F   Q   J   T   K   N
    N   P   T   P   J   Z   Z   E   T   X   U   C   L   N   S   N   R   M   U   R   A   D   W   M   X   U   Y   M   C   T   Y   V   N   M   A   G
    Z   K   J   A   N   S   I   Y   Q   I   E   N   B   O   C   J   H   T   E   W   Y   E   Q   F   G   Y   U   Y   S   R   M   N   O   T   W   E   N   B
    R   T   D   X   A   E   Q   R   B   D   V   O   B   Y   T   T   M   E   U   Y   J   S   J   U   Q   M   Z   P   G   X   G   Q   Q   X   T   Y   M   Z   U   A
                                          T
                                          R
                                          A
                                          B

    J   Y   C   R   F   M   H   I   T   M   X   J   I   O   U   H   Z   C   I   D   B   A   U   R   E   D   S   F   I   N   S   C   N   Y   W   K   R   P   N   Q
    S   T   E   F   U   V   P   T   C   V   H   W   U   H   X   W   H   E   L   J   C   E   P   Y   C   Z   O   P   N   D   W   V   I   W   J   V
    T   V   P   W   B   U   N   E   M   X   S   X   I   D   U   O   F   Z   P   T   G   C   Z   S   N   Y   K   G   F   C   P   E   W   R   I   G   H   T
      I   S   U   J   I   K   R   A   Z   O   G   A   C   G   B   B   N   D   K   N   N   T   C   U   E   T   R   B   P   B   S   Y   K   M   S   L
    U   A   P   F   K   L   S   P   S   I   Y   Q   G   E   W   S   W   U   E   Q   V   G   P   J   W   E   V   P   S   B   Y   L   B   Y   R   H
    J   O   W   G   U   J   U   R   Z   T   E   G   L   A   I   C   R   E   D   O   P   L   P   R   F   R   T   O   U   L   Q   M   M   Q
    W   J   K   N   A   O   I   Y   R   F   Q   R   S   U   T   W   Q   C   O   J   J   Y   Y   V   C   E   G   W   L   U   O   A   F   Z
      U   F   L   M   S   P   J   E   G   P   A   K   P   A   M   I   C   V   R   I   G   T   A   R   O   I   O   N   I   Q   D   C
      O   Y   S   Q   J   A   I   L   Q   Q   B   C   L   G   Y   Y   X   Z   Y   Y   N   W   E   Q   K   W   X   Y   R   Z   L   H
```

WORD LIST:

BARRY	GREENE	MCDONALD	TANEY
BARTON	HOWELL	NEWTON	TEXAS
CHRISTIAN	JASPER	OZARK	WEBSTER
DADE	LACLEDE	PULASKI	WRIGHT
DOUGLAS	LAWRENCE	STONE	

Still More Missouri Counties

```
        A W V U S X                           Y T W C L E
      T E F X L S R D T E                   T C K M Q V J O A B
      T B J T Q K E N L N F T               Y H Y L H H W A Z X V U
      Z F W V V U O E F D O X M             G A G K S G X M N A A W T
      K N T D O R L L T S D F T             Q N V Q R U D V J A C G I
      G R A N I L X Z A T Y Q X             T G A C F E J N R I L S I
    F O I Z   D Z M I C D H J F I G S       W K L Q N K W U G M M O   E V F M
    V J I C L I   E V U H K T T Y F D R     Y I W T S A V O T W   E C B C E J
    X W V X Z O V N E I G E W M I O U F      J M O U F Q R J V A S D J C O J G T
  X L S S P J P O E T P H C C Y L D S B     V N V P D H S M L Y A V X A S E Y N F
  U F Z V G O S C Y V L H L G O E M U Z     H Y D B L E A O M K Y I A C B O B L P
  K D M I W I D J O L Q G T X A U A E G     B T A O D A W S L H R M P K O F Z W P
  T K E Z R H F T A U L Q Q G P G J X Y     N S S Z K V C A U T W N W D X A T N V
  S P Q R H X G H Q Y T G B O T A P M A     Q A Z U O H G A N G J B S S E Y T X U
  X P A B Y M S P R G S D D J F I C U X O G R U B D B W X Y A A O R A V I L O B P
    H T U M R L S B Y Z K M Q E L W L O U N P C R O T F A B S L M I V O Q F U F
    H D R A E U O R H Y L S V O A B K I E L M M O J C D V Y O K U J K N K N H Q
    W M J C B T V G L H T P T W D D U F N T G N N K R P T T U O H J D E X Q Y
      C M J Y U Q O B X R W T E B F W M T E W N H E J W T A E N S H O P
              Z S J F D V I O E L Y I
              U S T F C L S O N X T K
        R R C J U T S E R V A R D Y G L T H W K I Z P L V N M C F A L S R K
        K R V J H K T Q N F G D S A P E T G C T L T L Z L A N K X P R U T D P B
      L W Y A G E K U C D N V U D R Y C B Z Y Y P O T U T E H K F E I K Z K Z U O
      Y Z M N H X B J W E D B S G K B V H H R I D C Q T N O T K C O T S V C O T F
      K O U G E B S M O U X A R K W I E O C O N T L J M K R Y E K X W M U Z N L U P
      M P T C P S E D F S G H C Y U B D K F   O V S M S Z T X Q S R P N U R D E Q O
      J D G Q A S B N E E Z W U T O D W W E   B V R E S E L L I A S R E V I R F H
      L E X I N G T O N K A Q S E T O J X Y   N L S T Q G X M V I D V S N D K V Q W
      L E B S A O T P K Y Z Y N J K G F H Y   E X X T K N G I L R H A D N P L B D A
      W E P E D G J Y X X Q Y K L K P E L W   N K M E O U R D G Q J E V V C G C B J
      O P F X U H T L J Q T E P L R V K T     P O Z Y E A U D P G P T Q E A L K H
      M T H G A R   U S Q Y F E M K V N A     U F M A Q M B S X E A   M H N P X
        J D O E   M P L T E J I I V B I V     V J I E W F S Z N W U F   Y U R
            L G N B D Y T W C K K G O         L M Z R U C N D E M X W F
            J N H I G A C B X G Z Y A         Q H H G L U E T B J E B E
            G D I S G D T Z V Q X O K         R C H N D N R L X V Q Z D
            K P C E G J B U Z T J X           K M C C X R Y P P Y A I
              O F K K M B I V G H               I E Q A A Q D K A O
                H M W G S H                     R D W A E V
```

WORD LIST:

BOLIVAR	CLINTON	LEXINGTON	STOCKTON
BOONVILLE	FAYETTE	MARSHALL	VERSAILLES
BUFFALO	HARRISONVILLE	NEVADA	WARRENSBURG
BUTLER	HERMITAGE	OSCEOLA	WARSAW
CAMDENTON	INDEPENDENCE	SEDALIA	

Branson Attractions

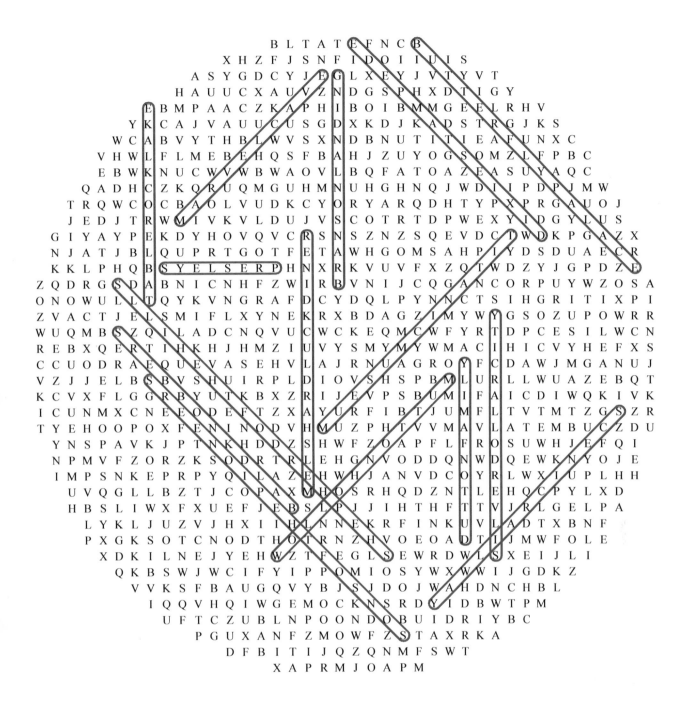

WORD LIST:

BALDKNOBBERS

BRANSON LANDING

BUTTERFLY PALACE

DIXIE STAMPEDE

DUTTON FAMILY

MARVEL CAVE

MELS HARD LUCK DINER

MUTTON HOLLOW

PRESLEYS

SCENIC RAILWAY

SHEPHERD OF THE HILLS

SILVER DOLLAR CITY

SONS OF THE PIONEERS

TABLE ROCK LAKE

TITANIC MUSEUM

Actors 1848-1916

```
                                V
                                K P Z
                              O E T S F
                              T Z L E G V E
                            H K Z B S Z L K G
                          A U Y D A E L Q Y Z T
                          T O S H N R D W A T L J W
                        C O N O B G V S X X V E U T
                      J H R C F B A M E A M Z O D S V V
                      P F W T U E M T S D A K L K V U E D C
                    K H O K J A G T P S L U J O J R J P M N T
                  Z G W K T L F P A S R A T W D K R Y Y Z R H L
                W P I W M X Z H K J D N Y O Y Z W Q K V E J D L H
              G K A V O N E U T H L Q Z U V W J Q S K L T N P T A B
              B E L F X G N G Q C O I L T H P Y U V M H I V T Z B D V V
            B N V V W U Y Y M U I X L W Q Z R L O D H G K G U M T N Q Q W
          P F G E R P Q Q U C V L E Z A V M O N Y W T S Z V F C B Z X P A E
          C K Z C N U O B S T G Y B N Y P K G R I V E U N Z F L R K O D P C I Q
        C S X I J X B S N P R R F A Y R P U A P E K M R A N S F X E T X A W R B F
      H E L R B K Z G E R A M A E R H L S C J V A A H Z M N K A U J L U O W Y H A T
      J P N M N A D A E E J T M W Q I A N P S Y V T G N N Q V B S E E M Q E J H
        A M S A Y P K U R G H E A I E Y D V T S O C F E K Z F L H N S N W R U
          S N P K X I V A Y O V F T H R I J X E N G R C C W U Y V Q T W G S
            I P H W Y U U S T R B X A C E S S J J P U Z B T Q B B A W A T
              T D D S S P G G C H P D C S G C F R V G X D R C I H R F O
              L E Q L C S F K S L A H G N C X Q E U V O X L O U M N
                L G Y L K G P O G T A N I I A U A Y A D G C K I S
                  E H B J L E U H Y B A M Z M D E T C Y S X L W
                    S F W M Z C T N K Q M X F W N R J P Y Z T
                    S A S N W A E G H U Y A L W E D Q E H
                    U D J T P J E E C Y R E E B W I Q
                      R K G Y C D Z U K A C O M Y O
                        E T L Y A X P R R C B D F
                          P B W X D F B Y C K R
                            G I Z G T U D Y T
                            F W L W T D X
                              P T Y M P
                              K W X
                                L
```

WORD LIST:

BEAL	G ACE	KNAPP	RUSSELL
CARNOVSKY	GRABLE	MCGRATH	W BEERY
CUMMINGS	HUSTON	N BEERY	
E NOVAK	J ACE	PRICE	
FRELENG	J NOVAK	ROGERS	

Actors 1917-1930

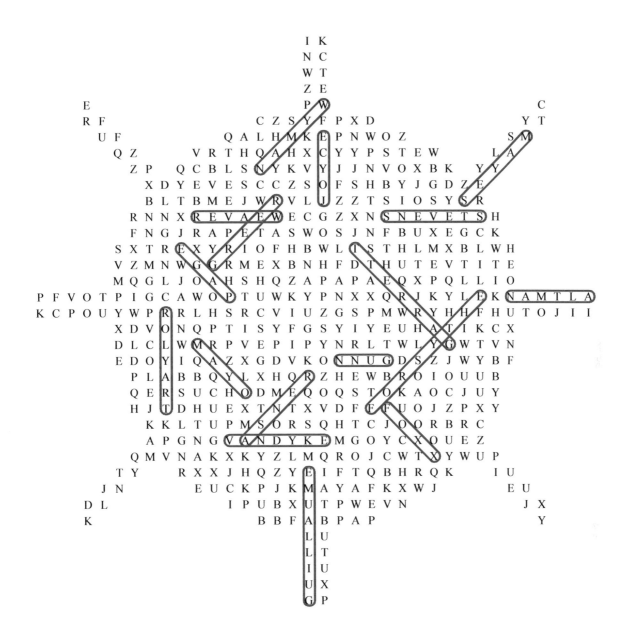

WORD LIST:

ALTMAN	GREER	MAYO	WEAVER
ASNER	GUILLAUME	PAGE	WYMAN
FORSYTHE	GUNN	STEVENS	
FOXX	JOYCE	TRAYLOR	
GARRETT	MAYES	VAN DYKE	

Actors 1932-1949

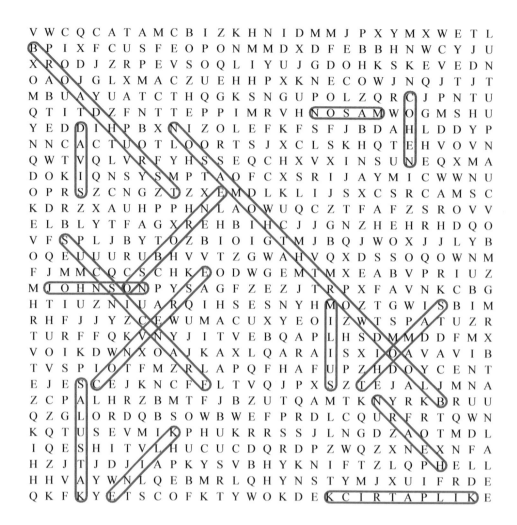

WORD LIST:

BLOODWORTH THOMASON   DAVIS   KATSULAS   MILIUS
BROADHURST   FRANCISCUS   KILPATRICK   OSBORNE
COHEN   HEARN   KLINE   THOMAS
CONVERSE   JOHNSON   MASON

Actors 1951-1961

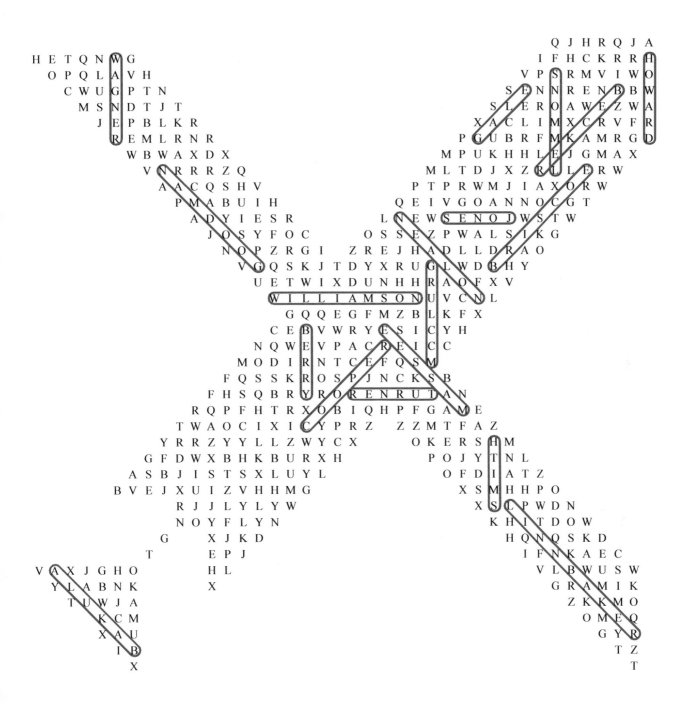

WORD LIST:

BAKULA	GALE	LINN BAKER	TURNER
BECKER	GOODMAN	MASSEE	WAGNER
BERRY	HOWARD	MCCLURG	WILLIAMSON
BRISCOE	JONES	NEALON	
COOPER	LEMMONS	SMITH	

Actors 1962-1971

```
                          A
                        J   Y
                        N X O
                      Z L V W Z
                      R L D C T S
                    U N O V T A K A
                  A K Y E X C N Q J I
                  V I E B N B R K K L V
                O E S T L Q G W N K I F Q
                X G C J W B D I X T R V R B
              R V U K H S S N I V M K Q A L K
                G E O F T Y I Z Z S C Y V G G A G
              H K Y P K J N Y O K A O C P M V Z P B
              N F V E O L V D G F S A D H L E Y S D G
            G P Z W Q H O C M S R G I N Y Z W M I L B I
            C L S R K H H L C V I G J L P O X I P O K Y W
          M E T L M Q Z R Q N S S F D F N M F U B Y S V L
          D N W H D G S G U Z E I O M W Q D Q P L R I X S F
          R T N K M U B I V S J L K C Y W P P M K U Z R U N S V P
          C C Y V G J E Z K N Y V E C I J I S D M D R O A Q T R L L
          Y S S Z G L S N Q O K S U V G I E U V J P A S T G V E D E B L
            F R R E F W S E U P L N F F X K H Y L X H H I K N B J I M P K
          K R C N R X B U D B B V W I P A S N H J V K T A X Q M N H D S O D O
          U I H I N Z U S I G A F Q S R Y J B J S T E U Q F K K W Z V U G C T C
          X L E T Q B Y U D C E F G S S Y S D O F V Z G E U N B L L Y T M J O S J U
          N I S R Y D A H T T R X E K Q D Q Q D A N O H A R E T L O T S S H J J O M V
          W M M N E B Y H B Y Z N N I W J F F B N U A D G Q A M Z M W M Z S A W B H S P Y
                              E
                              X
                              L
          Z L M Y M U N D S O N R C I N X V U A R S T O R Q Q K O O O D G L J R R E M Z K
          V O G N X H L T Z X E F C I B G A F T C S K W L O Q H Z T I R M J X K X Q O
          T W E I N X U S X O J U B Z H Y F S L A E N U K P Y C Y H N N T O V F W E X
          H F F C Y G U V F A Q S H O G V C R L N K R C Z M A E L S B R M K C Z
          J O F N X T W R P I I A I A B H Y R Y M U C N O A Y A D N D E Q O H Y M
          J I O M U B P R Z Q F K U A U Y H R A G A Z I O D C I Z U R I N A H
          S R Q F A A R H M T Y J X H D R A W Q O I R D Q N H K B G C E I I B
          G Y Z E E E T J W U T F O I Y Q U I J X I E L D A E H C R P W W
            G N K U Q H T J F T B E B Y C B X U Z R C V K C S F Z G J Y U Z
```

WORD LIST:

BENEDICT	GUGGENHEIM	KOECHNER	STOLTE
BUTZ	GUNN	KYLES	TORRY
CHEADLE	HAMM	MUNDSON	WILES
COMER	HICKENLOOPER	OHARE	
GRIFFIN	KERR	PIEKARSKI	

Actors 1972-1987

```
                    Z K W B O X F Y G D
                  S R O A J B V S K Z C D Y J Z C
                V U Q D C F S H X L B D J X E M X O X P
              L D G D M Q G R N B E M R A K Z J S B O W M
            Y S G R A H U C H D F X I X T D X Y K W T X R O B E
          Z N O W R R L U H L A X E N X B Q K K F G R L W O I O A
        I C D C R N L E I Q Z A X E A C H J R D N Q Y E R W J R I Y
        Y Q E E O H P N A X A Q Z V O D M E E P U E R Y W Y I V N W G B
        N W S W G G H T         D B G G E I Q Y         E U F S O R B Y
      U Y S H V N J K B         P L R D T F O W         D P C E M W Y G J
    T J P M W X O N E T         M E I Y Y D D K         B W I B Y Y F L I W
    Y U E S G R G O V X         N J T A L E V U         D C K R K X S T U P
  S T A B L E S L S D I         B T J J O R E S         S D E O Y Z O S E A S
    Q V R B Q C C T N M W       C J Z W Q E I Q         A O N B Y C Z M T S B
    D Y A C N G Z C A F N       H R W Y S J S B         M N Y E S Q B N S S H
  G D C N O R G D X R O C       Q A M K I R V M         N N P T I R G E C K O Y
  E C M S O U C X V B I E M N N I E G T I X G E B R H S J C G L Y Y R W X S O H G
  K D X V I S T H X T O U O Z R U G N L H C S O B K Z R X S Q S N B X W L R A E M
  V S F T S J N D C J E F G S E V K W R L S S Z B R X I S P T S D U U V N K T K A
  I V V H M R R H V H W U L P L V O C A E J M T O P K H N K T I C H U G X R O H K
  J Q X X L X P B O M E U Y J A K U F L F Z V F R S R H D N L D N C U C R X H J
  H O D Q E H D I B J Q Q V B V P N P K K K L E H E G J I Q D A R S O G F D E N A
  Y E J P I Q R Z Y S U P Z X Y S X K S P A X Z B J N C X A R Y Z E B I B K Z
  P Y P X S E D M S S S D T S E W U J X W J O G U U O X F G S W U   X E W F B U
  M J W V P F C Y H F X X G Z G Q P U V D R Q H K O B R O F W O E   Y A J R Y P
  Z Y M Z Q   D T G N N U G N A E B Z P F C F O B O B O W B Q     Z F T P K
  Y E E X Z     B L U F Y O U A T G L W N V Y B T P J U C H       O Y M S J
  K V X P C L                                                   G T S N C L
    D H X N W                                                   U V F S X U
    J H S C I Z                                                 B X A M B D W
    V S P Y A W                                                 E W E Z J L T
    Q M R X K B S                                               F T N U U E Y L
      R A E Z F P H X J O N B L M L I Q C A Z Y X L E E B A R G C B C
      E M T M T F K U N D F Q G H P K O O E D R K T M W W O N I A
      U X E F V F J Z B I U C L M L R R A C X E Z F A V L Z Z
        K E P G D U M O G F V L R Q K M U Z H Z Y I V D V R
        L I W K A E T I B P O A Y Y J T B E A D V C C
          H Q R Y Y E V G V E R S L A H R O T A Z
          L W R L F B D J Z K B J F R W N
            E Z C Z W H V E U Y
```

WORD LIST:

BATHE	DANIELS	J SKLAR	R SKLAR
BOGART	DARROW	KEMPER	SCOTT
BOSCH	GRABEEL	MONROE	STABLES
BRANSON	GUNN	PETERS	
CLARKE	JOHNSON	ROBERTS	

Artists

```
        X D Q L J X T N W G H C X R N
        M K S V J X O M G L T L F M R
        P G J R I I Y H M S W F R N
      M O X O I L P O Y N C U J
      N X U G D U L C I F A U I
      R H P S U S K U O S V G
      I F C M T I S K P U I E L
      Q C J X B D C H W E S M
      D U B K Y E X K H F F
      W D R I Y Y U I B X J
      D C U A P C A V O R T
      H O F G B B S W K L K
        K J B E P U U V H V Y
        K D G D I K B D D X R
        U R B V S H O I G U
        Z B B E M D R B L S
        K X L N P V I D S
        G W P H T Y O T E
        X Q W J O K X L
      D L J I E N E L
      T T C Y S J I B P
      Y E Q F K H L L
    L Z I W S P Z Z
        X U S N A V E W
        G K J E Q K P
      U W F A Q O A
      B E Q E Y F
      C F O Z O
      O F Y T D D
      J F D T G
      A K O E H
      E P N L
      F R R N
    U A R T
    B I V
    G L
  Q Q
  E
  Z
B
```

WORD LIST:

BARNETT	JUDD	RUSSELL
BENTON	M EVANS	TROVA
HIBBARD	MUSICK	W EVANS

Authors 1835-1907

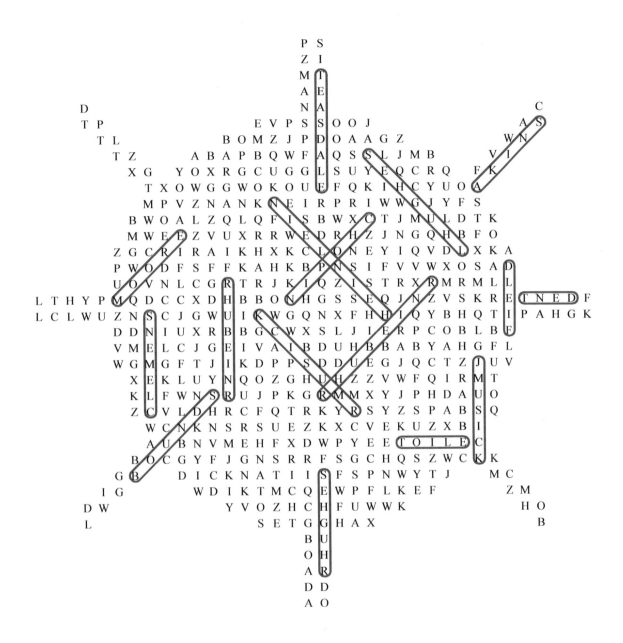

WORD LIST:

AKINS	DENT	J MUSICK	R MUSICK
BOUNDS	ELIOT	L HUGHES	R NIEBUHR
CHOPIN	FIELD	MOORE	R NIEBUHR
CLEMENS	HEINLEIN	R HUGHES	TEASDALE

Authors 1908-1971

```
        M U E G W J                              N P C T G A
        M H R R L C H I O                        E P Z L B E K H I
      V A W Z Y N E G U C N                      D K V H J Q F J A U S
      E T N Y Z E Q W D P V S Z                  V V S P N T B Z D F H M G
    J X U O F L N I R G K Z I Y Q            B D C D D T B Q R L Q A E M N
    X V N X L T Z I L C N Y S W F            Q U L C D T I Z F K I N K F G
  G N M G S Y D T K X S N X O D I B        A E N O T S N H O J G G K X D W G
  B N N Y H Q Y B A D K O E V K Q H P      P U O Y O T L B S A X E O Y G K C Y
  M T Z Y R J Y U M G T M J W M C D H T E T Q N X X P S F W L N Y F Q T J W
  O C A Q L M G R Q M A U D U C J L S O G H I S Z L A P H B D U H N X A X O
  V F O U C E T R L M S J N R V Q T M A A T S N F O V F R F L U X E L S U G
  H P N E Z P Z O U C J F I C A Z C Q X Y T R Q I F E O T R K N O X P H J
  M G X W N U O U R E J O M I U L P C T O L H R G U I R A K A R U A G C L L
  W T U N I D I G F U Z X Q M A M J L H T L Q O M T V L E N M E S T W V F N
  Y P G A Z V X H C N C W R R Z K G N J L E A P M Z Q A A H U B M B U A A D
  S L A B F F S D D S Q J L M X S G F G R A O N P D H P U N R Y L E F Y
  H D C C M V O Z T M V Q N N R I H U J A E T K E S I D N R E N R Q Q G
  P I P A D I M T J A V U T J X Z O H E E G X R S D R G T G O O B J H
  Q S I W P L E A I H O E F G Z M U X E L W E M N W N G B L Q O O E
  B H U S I L L T L Y A U F A C I V G M D Q K R N X O B R M T F A M
  F B C G S H H L U C V V N P M A L E C O O T O J A B G D Y T N
  L V I O H J N I S P F N S A R L Z F S H N L D R W G O B M E O
  N A U E V D W S H E F I B N O M Z L K A A S K Q B X O P C
  D B C N Z G J E S P R E S A R F L P H Z U F O U L O M D K
  L M R S H W M I N Y W B L I E Q I C C X U A W N O B N
  W V M Q A W V G M J J I G N I D Q M W J O V S G Z
  K E S A W X E P Z E L M F N Q K V E T C K P B M F
  H H P M A I A N M H Z J H A R C M W P B L G D
  S G L R K U O L E G N A R L D M M J D I X
  W V E Z R Y F P W Y Z D G O O L C Y Y
  E Y I Z S F S O P Y K W H J K Q N
  X S I J Q L O E Q Z U Y G N J
  W H X L E D K I B W V G D
  E T P U R O U W O O U
  B V B E Y W U P R
  J X L N W G U
  K L Y F J
  C F I
  V
```

WORD LIST:

ANGELOU	ENGELBREIT	HEAT MOON	WILLIAMS
BOWDEN	FLYNN	JOHNSTONE	WOODRELL
BURROUGHS	FRASER	LIMBAUGH	
DUNAWAY	GELLHORN	MCKIERNAN	
ELGIN	GERBER	THOMPSON	

Aviators, Founders, & Inventors

```
                              K
                           X  C  D
                        M  Y  Z  L  Y
                     H  D  Y  O  E  X  K
                  Y  T  D  W  H  I  S  Z  I
               X  P  G  Z  U  F  J  Y  C  C
            L  X  S  S  G  K  E  G  N  P  Q  F
         J  U  P  L  H  V  X  J  U  S  S  E  O  D  P
      P  I  T  D  E  Y  P  G  M  Q  V  A  Z  O  B  B  V
   X  F  Y  J  S  M  F  P  S  X  N  H  T  H  L  A  I  B  T
   Q  H  B  L  O  C  H  I  V  I  Y  I  O
      B  X  F  R  I  X  K  U  S  I  B  F  X  U  U
      D  J  P  I  Q  K  U  E  U  D  H  U  L  T  H  P  R
   D  F  F  Y  B  M  L  C  Y  K  Z  D  G  T  G  G  F  U  L
   K  U  M  Z  J  M  M  J  Z  S  R  E  K  A  G  M  A  Y  A  L  C
   C  Y  Z  O  M  P  H  J  W  P  M  O  A  E  Y  N  P  Q  F  M  G  L  G
   B  R  Z  E  S  D  T  H  U  N  Z  T  K  K  D  I  Z  X  P  Q  F  X  J  M
   V  G  M  H  F  N  R  A  Z  Q  E  Y  R  R  B  R  O  L  F  Y  X  O  H  T  R  L  P
   F  Y  A  T  S  H  O  N  C  G  M  K  A  Z  I  Z  N  X  R  D  A  N  B  T  A  J  Q  W  U
      F  Y  O  E  R  Y  L  R  R  O  C  U  A  E  N  B  Z  Z  D
   N  Y  P  H  D  P  C  Z  Q  G  A  J  R  D  P  A  W  N  K  K
   A  O  V  T  J  O  U  E  R  O  O  B  O  H  E  S  D  L  M  I  Z  A  Q
   D  C  X  B  L  N  Y  B  C  J  K  W  L  M  T  X  X  I  E  E  F  V  M  T  S
      A  X  C  P  E  D  V  W  H  Y  H  V  A  J  Q  N  Q  F  A  I  J  F  D  O  R  V
   X  P  Y  J  V  V  S  N  E  T  H  Y  A  R  K  M  F  A  E  K  Q  E  R  M  U  N  S  E  C
   A  Q  K  W  P  X  J  G  Z  M  T  P  C  M  U  O  Q  Y  H  W  E  H  G  W  A  Y  D  V  H
   A  W  R  V  P  X  G  O  C  V  A  E  S  V  Y  V  Z  N  H  Y  P  X  E  K  Q  Q  Y  Y  K  V  W  H  C
   P  Y  W  Q  D  L  K  N  Q  X  X  M  L  J  F  S  P  T  E  Q  A  I  W  Z  I  N  X  W  J  H  J  O  S  L  P
                           M  H  J
                           B  C  U
                           K  O  L
                           V  L  I
                           F  B  Y
                           M  R  O
                           L  Q  O
                           X  Z  A
```

WORD LIST:

AKERS	HUGHES	PENNEY	SPERLING
DANFORTH	KAUFFMAN	R BLOCH	TAYLOR
H BLOCH	LEAR	SINQUEFIELD	

2015 College Hall of Fame

```
I C W O G B O                                              X G O J P L A
Z L N H D E C                                              Z P K N S V G N
  C N B X O B S                                          Q X O R T U D V T
    Z X R G Z E T                                        T A G H A S L O B D
      G E U V G R Q                                    G U M H N F O W B Y Y
        B J Q Z L H H                                  S R B G F Z V R G Q E P
          B J N S Z A G                              A Y S L I O D B E O D B A
            K S V Z X R B                          E G F Q E V N W A X W P V
              Z Q P A J D G                    T E I P L J U P Y L C A B
                A K Z O N T W                 Y L G Z D D S R Q S I Y F
                  S C R O F L D            C A T A G N Q Q N W C H D V
                    G I S A M U J          N Q R G N Q Q N W C H D V
                      U F T L U M H    J C S N Z L H E I N F K L
                        O C I K D T B D  T R A U Q R A M E A A
                          W F L M O T A D O V K R G U S X Z
                            P W W E T H V O Q K F Q F J
                              C Q I T R N F E H C J O L
                                O X Z A G A N R X V J L N
                                  Z G B W R W O B V U U A O
                                    U M X Q I N H S J H F B B
                                      U C J S H M V O A T G M V C
                                        W K G I T I A G R L S E M A J L S
                                          M N K D L R R Y X T L G Z U U F T Y C
                                            L U Y U P Q I D G H H Y A    N W Z E S A W
                                              Z U A I Z O D T H O B O O        S H Z P D S G
                                                F I Q J M S U Z H M C O A    B M A H L N K
                                                  J B U E F W P K W P V F B    S W J L O T R
                                                    C E C J Y O W V E S X B Q    N P D M N K T
                                                      A V K L O C E Z            J R F O Y I S
                                                        I W L N P M Y            L L N O E T G
                                                          L    F Q Y B          Z L G J R K S
                                                            H    M P H          C R U B X N Y
                                                                 Z W            P E P W U B E
                                                                 I              G K W S Z X
  Y R F I F C B                                                                 P L G I R
  A E K K N J                                                                   A A N W C
    I I R Q C                                                                   J W C O
      P A D                                                                       G O H
        A A K                                                                       H
          C R
            I
```

WORD LIST:

BURNETT	LAMPE	REYNOLDS	THOMPSON
EBERHARD	LOEB	SALLY	WALKER
HENAGE	MARQUART	STANFIELD	YOUNG
JAMES	RAPIER	SUNDVOLD	

Entertainers

WORD LIST:

BARTON	GREGORY	LOESCH	MULLER
BOOTH	HIRSCHFIELD	MADIGAN	PERKINS
CARAY	KILBORN	MCBRIDE	PETERS
CRONKITE	LASSWELL	MCMANUS	PIRARO
FALK	LIMBAUGH	MORGAN	STIGALL

Military Heroes

```
                              C
                            B S L
                          I C N R B
                        G Y R J U R N
                      N Y K Q U N A J L
                    O N R G P C W D B T P
                  G J O K U G V G L F B M X
                G U C G Z W I D W E W U Y Y W
              Z V N V J S G P B R Y B Z U M N J
            J Y N Q H X W K Q I A X G A B P S I E
          Z R Y E M T H H Q O O W X P X R A Q S U K
        Z E G X W K I X A M L L V A E X P K Q A N X K
      L P K M F K T D U E T N O S P M O H T L O C B G R
      G O I F U A E P P B L M O Q V M Q W C U E P H B T M
    R R B X U O M I Y J E O B F T P E I E L M C X Y B Y F I D
  C T Q F H Y A H Y L U Y T J M L T D M I K R Z A U C B P E J W
J X K P V X N W B K O R X X E G W Q Y M T G Y J T C X M J S I C L
K L S Y E E T V K O D R I D T M S I C Q D T X W Q S R J G O L R G R O
N U A E U V Z L O Q M A R H Y O J I D O H D A A K I I D W S L N A U A F I
    R O Z X E           K M G W U               O B A R U
    C Q N H Z           F W I N O               M R N S E
    W V U K I           U D B Z G               Q X D U R
    B G R H U           R T Z L W               X B E H H
    X A P D T           J C R M M               R D G M O
    K W C K W           P U O H Z               S S G W B
    N O S N I B O R L Q U Q N N X Y C N J E W G B V N K W
    R W J B Z N S I S M X X I B U L Q S P O Q J I N I Z J
    J A Y P M X C E P Y Z K M E Q T F E O P P H C E M Z I
    W E M E L K B Y W L E L J P T Y R X A N X L L E E M J
    R U Y L K           S D D N S U X Y L R W M X L V S
    W E G U N           P U S H F Q O           G F V Y
    R U M L H           P A I N Y F L           F I D M
    S M S J Z           X N R H K M T           G J D X
    X J Y I B           G X X K R G Z           Y C W J
    K E P J A           K L A G E E T           E C O C
    Z U P A R K S M Q L F W U W E W R N     D   G H I I
    G Z S L G P G B O U F W U Q V E O O         U D J O
    J U A K E P V B P M K C V F K O L O         G X Q V
    J O P S R V E P R B J A G U F B W C         N Q Y A
    R B O B K O M G Z R G A Y J B I M I         W S X Z
```

WORD LIST:

BARGER	COX	PARKS	THOMPSON
BARKLEY	FLEMING	PERSHING	WHITEMAN
BRADLEY	MEYER	ROBINSON	WILLARD
COONTZ	PARKER	TAYLOR	

More Famous Missourians

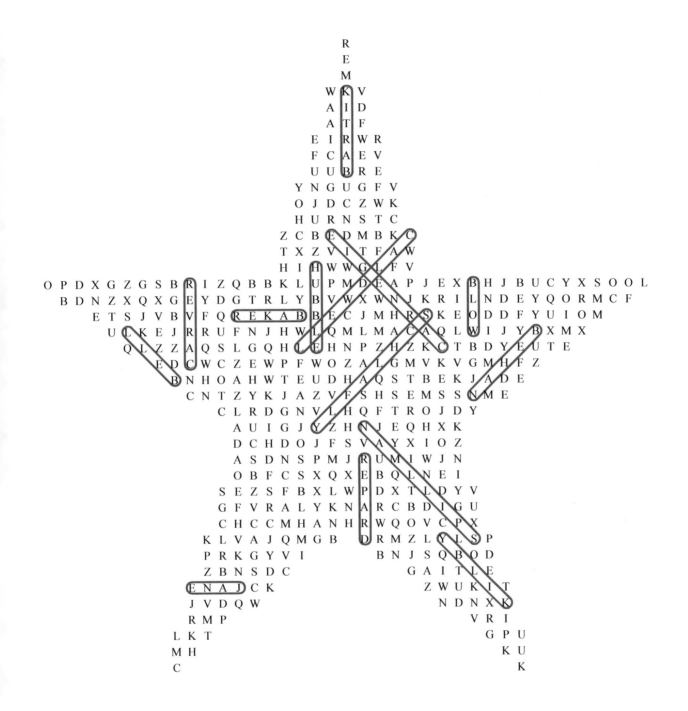

WORD LIST:

BAKER	BLOW	DRAPER	SCHLAFLY
BARTIK	CALDWELL	HUBBLE	SPILLMAN
BEHAN	CARNEGIE	JANE	
BELL	CARVER	KILBY	

Musicians 1890 - 1927

```
              M L I R I P X Z P C
            L V R Y Z Z Y D M S A E P A Y S
          T O K Q S Q N B V X Z H B C F A U G A Z
        W F S B Y T S G J Y Q N W D B M S A I V T P
      R O L D A E U P M S W E E R T L W I K W M G U U U M
    S X M X L T G R E S G W P C J F O H E Q E P V M V F X C
  Z E C E G A U J A R V O S Z M T M Z R B F A G C T C L U P W
W E E T N F Q N X Y Q O J N G R Q S S I J I M K L H O I F S V I
  R A Q W O R O S     F I Q B J K Y J     Z O P N D K C Y
    E Q R Q E S V Y P   F K C E Z X B W     D P Q D C G Z Q A
  F L U I R Z M P N H   C W D W Q C S J     B Z J I Z Q L U F P
    L O B U L D O V C Z   G A K V C U L C     B S P M Q M K E Z O
  S Y O K A R N H E X U   C H E O F C J C     V N G Z Y P R A I W A
  X A Q Z A K T T F Z H   K S T U S C J I     P I E T W G A F H C
  J J X P S L E C U V Y   K Y X W P T P V     G P H O U R K L P A L
E E Y E G P V B R T P L   U L P Q M F T M     D C G S K Q P E O C F G
E W R M V O V C O C T H S G P N A Y D Y A R H Q F L E L M D O D R I A S C W M E
Y L Y K G J W F S E Y U T S L A H T G W F T R N T D Q S S N V O D N A H T I M S
L H X J Q Q C I V O J C R U U X G M F G W C U G W X K Q X A X D S T U I G R G R
I W Q O T T U A G R L N H N W M P U L K H B D A Q M K U V I H F A L U R E E V Z
O A P J I K B T L W O C U O X F K Y S I X O R K R O X Z U O G X W I O E U Y D F
U D P C M M X H M D R J I K G O L G P R L D T B N X M W D Q S R L Y D J H U I R
J R C O M H A Q F P W W Z R A V I K Z W S H O Q K Z D N P R P X W I K A C W A E
Y K V G W T   G P V Q E Q Q V J L M H N S L R T O Y S B Y P S B M   M S G Y Q Z
J Y J V M O   R G J D B L H K I S N T R P B R S F R R Z F C W I M   R G U X L E
  N Y Y G K   D K N W A L K W G K M F L V L Q K X K T G W C N     L B V H I
  M C N S V   U P O P R J W V H T R E N O G A W G N K H C       D E A G Z
  F Y A W Z K                                                   V C R Z K Z
    E E D M F                                                   I B X R B U
    I I P W E J                                                 D R J T Y O V
  D M C I G A                                                 D B G L F P X
  G W O E J T F                                             J S B I N H W G
    Q A R M Z F A U W K B T E M X W Q R R C J Y Z M Z E H V C S A A
      O R N W B L Z N Q C G G N B B N P O G D L K T R X Z E E S C
        Y B V T A A L N K R J V I L D L N W P Q O H Y Q R K N U
          X H Z Y S U G V H K D H S V B S W N W T S K N S O P
            M N A Y S B A E D A A M E J V J K A N O U R U L
              M L S U M T Q B A T S B P P D V Z S H I
                T C F K D H F J Y S Y J K F U S
                  S B W J A U X O D R
```

WORD LIST:

AKERS	CALDWELL	HAWKINS	THOMSON
ALESHIRE	DRAPER	HUSKY	WAGONER
BAKER	EDWARDS	REED	
BASS	FERGUSON	SMITH	
BERRY	FORREST	TERRY	

Musicians 1928 - 1962

```
                    S
              D     H
              T     A  H
              A  C  P  U  P
              D  L  I  N  D  Y
           A  F  V  R  M  V  M  M
           T  D  B  P  O  P  U  V  T  C
           I  L  U  R  P  R  J  I  I  N  S
           Z  R  Z  C  H  D  O  D  U  X  O  Z  B
           F  M  S  W  N  W  O  X  I  F  M  K  B  U
        O  A  U  C  A  W  T  H  G  D  N  S  I  A  R  G
        B  A  C  L  B  E  P  B  O  N  C  Y  I  H  D  D  E
        L  I  Z  A  N  N  K  I  P  B  I  U  F  T  F  F  W  W  Y
        K  L  W  D  F  D  U  H  T  H  A  D  V  Z  V  V  P  R  X  K
     T  E  G  Q  N  L  Q  G  H  E  S  A  C  D  N  S  W  Q  K  U  L  L
     T  W  O  G  M  F  E  Y  H  S  U  M  I  H  N  O  T  S  A  E  P  R  T
     J  F  I  I  C  C  T  S  X  X  B  I  J  D  N  A  Z  V  H  O  T  E  I  I  T
     X  D  H  D  K  F  X  H  G  F  F  L  D  M  V  W  R  Y  V  Q  Q  M  N  B  S  E
  M  E  U  O  T  I  V  U  Z  D  O  B  E  C  T  R  A  C  A  R  V  S  O  H  O  B  O  N
  X  Y  N  J  L  Q  A  X  N  Z  X  N  N  G  H  Q  G  C  D  C  U  Y  X  N  G  P  Z  H  R
  P  W  A  W  C  Q  R  A  I  T  B  P  Z  R  C  X  V  F  P  D  A  H  U  X  C  A  G  F  G  J  U
  F  L  S  J  U  B  K  A  F  F  U  Z  F  O  W  Z  F  S  J  H  A  L  Y  Z  C  G  M  N  H  L  H  B
  Y  D  P  I  M  Q  Y  V  J  X  G  M  J  C  C  N  G  S  P  E  X  X  O  P  Y  Q  Q  X  T  R  E  Z  X  N
  D  A  O  B  V  Z  L  T  J  O  R  B  R  X  E  C  A  Y  I  A  Z  Z  M  J  H  W  N  F  J  A  A  G  U  J  I
  J  A  N  T  F  E  W  H  H  E  S  J  R  C  G  R  Q  W  N  T  G  P  P  U  C  E  O  W  D  D  E  Y  C  Z  R  J
  S  Z  N  Q  Q  D  U  M  B  H  V  N  Y  F  D  K  C  W  B  J  M  Z  D  K  G  U  R  A  U  S  N  U  W  P  E  Y  R  F
  J  I  T  Q  C  J  N  Y  U  S  L  J  X  U  M  L  D  L  Q  Z  C  X  V  T  E  I  Q  C  P  P  N  S  T  Z  S  B  Y  T  H  P
                          S
                          K
                          I
  P  K  Y  N  P  B  V  X  B  V  H  T  F  F  S  T  F  R  P  Z  N  B  P  J  J  X  I  O  T  K  L  B  L  Z  O  V  J  E  L  J
  S  E  L  D  X  K  O  L  F  F  J  M  Z  B  Q  L  A  P  U  M  N  F  U  R  U  R  I  A  N  O  S  B  P  A  D  X  Q  D
  U  K  X  X  P  L  S  B  Y  E  F  S  J  L  S  T  Z  F  M  V  D  I  G  E  F  Y  Q  Q  W  E  U  L  N  S  D  V  S  F
  Z  K  K  K  P  H  T  Y  E  W  X  M  E  B  E  O  J  D  P  C  U  B  Z  M  J  Z  F  R  H  C  D  L  S  N  S  B
  J  A  Z  Q  G  S  R  A  Q  U  S  I  I  N  Q  M  D  P  V  P  J  Z  K  F  Q  U  Y  O  E  Y  N  R  D  A  Q  P
  I  U  Z  L  L  C  N  C  D  S  Y  U  A  D  T  A  N  B  Y  X  R  H  Z  M  O  M  V  K  B  J  I  B  E  T
  K  M  I  Y  A  W  K  Z  B  U  O  U  M  F  D  E  J  Y  Q  Y  I  P  E  R  R  X  E  F  H  W  M  V  R  N
     P  D  K  W  U  U  Q  K  M  M  R  I  D  Z  Y  E  Z  O  R  D  Y  U  J  I  R  W  W  D  Y  W  U  B
     H  N  L  D  W  D  X  J  M  B  P  J  R  V  G  S  I  R  U  O  D  E  L  O  P  W  X  D  Z  X  U  D
```

WORD LIST:

BACHARACH	CROW	PEASTON	VINCENT
BASS	JAMES	POLEDOURIS	WALSH
BUMBRY	LANDRUM	SHAPIRO	
BURNETT	MCDONALD	SWEATMAN	
CORNELIUS	NIEHAUS	VAN DYKE	

Musicians 1966 - 1985

```
                        L
                       U A T
                      W G X B B
                     U C F B M B I
                    H I S H R K F D D
                   J G L I Q G B K O C G
                  W H G N P R I I M D P E U
                 T O O W K E G J P T S O P T T
                J L A O X J Q O V R W E P N X I G
               U S C R B T N F X N B U G F Q M S Z T
              U F O B H Y D Z H R R O C X D X H N F J W
             I X V B U C I X A N O O M J C S J Q A B X M G
            M H G U U D Q M N R Z W G N D F O M R T X E B T I
           S W Y R M E C U C H G X X J J E G X R G L S N W B T F
          E I X F W W R L P S C A Y B X W D H N X Q O C T D H Y A I
         M G S A V C A X B N G L E L J J M J I C G G K A H W S R X Y A
        A K G C I Q N X X P D R B E C O S H Q V M A M C D J B T O W O W Y
       J J F N A O W B Z G I C J X J T E R M A Z N K E R O V I E I M Y A I N
      Q Y Z A Q N S N F F E J R V W J P P V H E Q G P N T P C Y V K D J D M B O
     D I I S N K T I D Y S T E W A R T S M N A H R U B C Y K F O E J L I C C X L N
      Y L A A Q L Y V L U W N D P B H I Q K V N T D J B S Q K N V D W Y J I A
       U N S N I G F Q F U S Q E W U E T R M Y S D R T V I T S S V K H I V I
        G Q D N P G L A D A D E T B P J L G C U N T N N Z W E N P N O K A
         A X C W P C D B U Z A N H J P K S H Z E Z O R W P P V U W U X
          K B N W U P Z G T Y D T P W N T L T W X D R S D M Y Y R O
           V O Q M N M M R S R J N O U C T P Q T U P K C B X D I
            Z Y P X P B W S A P E M E N I M E C J G Z C S N S
             K D H M M G Q T A B W J I T W J T E G X E Q D
              O D O M E Y A L R Y E H W T T E R Y P I H
               J R Q L V E W F G O C W B G G X H E K
                W E Y U R H N W R G O R U I P T G
                 Y C D V V Y N B O V Y A E S G
                  F X H K X E D L V M H C M
                   H A P M M X B K E P Y
                    O C Z D F S M F S
                     Z F D P F N O
                      O K U Q X
                       N T C
                        B
```

WORD LIST:

AKON	EMINEM	JAMES	STEVENS
BOYD	EVANS	POST	STEWART
BROWN	FARR	REATARD	TEACHENOR
CHINGY	GROVES	SCANTLIN	WYATT

Negro League Players

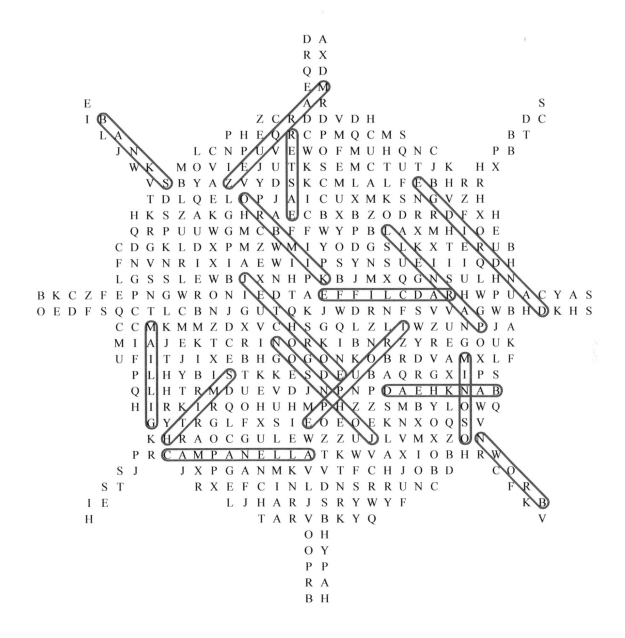

WORD LIST:

BANKHEAD	DANDRIDGE	JOHNSON	PARNELL
BANKS	EASTER	KIMBRO	RADCLIFFE
BROWN	GILLIAM	MARQUEZ	SMITH
CAMPANELLA	JETHROE	MINOSO	TROUPPE

Negro League Players Too

```
            R G U N G A                          N B M W P V
            V V Y L I T Y C E                  J Q G D W R W W W
            C D G U S I N H E O W            T S X Q P M T I X B C
            X T U K W P J D O R D E B        W W Y S V H E B A L R D J
          J M O B S G F N C X Y G J V O      H U B S Q D B R N I O H C V
          S F L T K Z L N M E X D L C L      M A E C N S O H B N V W D S L
        E E E Q H R O X I M B W T G I G      Y I D I P C W L W L A I N I O V T
        X V M R Z J S M C J T K K Q I C R Q    T O I I I N X M C F S R N U L R H
      Y S Z U P K B Y M C S N Y N N W I C H    H R G X D D M S T A I A J I G F R Z
      J V R T R Y M R R N A G R O M W P O Z R H K B E Y I Y Y U C V Q V G T G B
      D X J A M V O I J E F J D H P E M Q M R Q Y F C S H A V J A N S H L O Y
      X A L T J Q C T T C L I Z N X P W K W C L P F P O T G C O B F S A M N
      G C E I H H W L O D K M Q I S P S T Q I K G S T L J B M Z K W A O W R H E
      G N H H J Y E G X O M I T O O J X X A O L T E L E L N G X Y H D J J I Q B
      P R P X K N N A V S F L N A U H C Q O G A S W E V A Z B C C X Q K H Z U J
      N R D L N D U M O K N V Z E H R T Q X O U O J A W I K F T E M D S V G
      A R Q O W A L I O N E Y G B P P W O S Y A K N J F J W K X P W T T F U
      H W K K H U B B V N X U M B U F J K Y H T F J M W L G H Q D H N Q F Y
      Q V M G Y O K O O G L Z I D Z P Y A G O I G P S Y Y G O G Y C J R
      P Y L V X Z D N S Z X G J T I E Z M V C A M S B S W U F T Q D D U
      O T F R W O S N L F X J B L Q U N R M Z X J H Y S M Y B P Y N
      Z P X W E P U I S L K S A X B R N B C G O X X K W N N D H I Y
      Q T B F D L B G S W Z Z Z P P Y J W H R Y H V Y I L Q O V
      C H O Z E I O N P E D D Y C T L S N D A V U L M C J X Q M
      O Z P S T R F S O H I K G F S K E G T Y V S V R I G
      L R C G O J E B Q G N G J O T D W O J E A R V G R
      X P Q B Q O J A U G U N J U T D I T V I D E U Q
      E I I F P L C U M S H B S H W G W V W N D N I
      A D P A P Z U P U R J X J C R A I T P G Z
      P N Z L J A S E B B S L I Z H J C Y Y
      Z V Y X O Y U D S D L E I F A A
      U A F A D Z R L H G T M C I D
        S U X B L A N W A K W U P
        B U S I N D X R W Z M
        K G L O K Q P T C
        R V E I U B L
        O L A G V
        G I Z
        N
```

WORD LIST:

BANKHEAD	HUGHES	MAYS	ROBINSON
CLARKSON	I BROWN	MORGAN	THOMPSON
DAY	JOHNSON	NEWCOMB	W BROWN
FIELDS	LEONARD	PENNINGTON	WILSON

More Negro League Players

```
                    M E K Y U T M W M F
                G L E A J Y E T L K E O J I D T
              X I P S Z N P E J E L C T D Y M G G K D
            Q S N K Z J N G F K T U M V U F M H U W T L
          F G R M X E B F I E N N C T G G D C E Q Z O K S R S
          T H B I U R U R S   N X H J J M V N G Q H D C W G C V
        S M Y I G H F I V T G Z U G M N Q S R D Y X W T X J I S W R
        H X O X E H U M L I Z Q U S U J J F Y E V A H X R D E I M H C E
        W B C K N J A Q N E U O Q Q D W P S F T A N H T I S I I P N H P
      H V L E R F I I E K W Y R Y O Z O Z K L F Y I R W O I X C N K G T I
    R L B Z J Y J Y G T Y F M B Z N Y H I X W J Z M U X C C M K O Z Z S Q E
    K I P U P O V G J T Y N O Y P L T S T O N E X I T I I R C C C I R R M
    Y T L O S N V E C E H L D T L E X V T O D Q B O P J Z A D A U J Q A M B B U
  A D Z O V X F D R W T J B T L H I O L N D Y H W R R V D Q A A T M X Z X N U
  J N E D O N S F K U T S S H D V A I T V G S P U R S S T U U F Q C W T D N S
B R Q W V R H U K G D Z Q O B U V W U I V C I C I H V B Q Q E J T S H U W E L W
T A Z T N V S L H J E X T N H U V N X L R G Y O I U A A Z W D R Q D K F F S R U
J U E G C F R E Q B G I R Y B B J Q X O H T T W Z F G H W S G B L R W K I D K Q
C S F H N I Y M F Q U C T J K A T Y W E S G A H N Y M A B R D M K Y P O R E G O
O F K F R S P V W N A V D O I W B D U N T O I G L N D U X G R W I B S F C U L M
K U K P I M O Q E R U L F B P R O M X M O G H M D M P F V R V T U W D T S U D D
H C P B U G G N Y T E W Q M P R Y D V L F R I J C F N M I N J K F N B Z H C J Z
U L K F S A S H A R T Q W Z Z Z D M T O J N G B V A S O M H V C G Q I A R A R
D P K X R H V L U G N Y B K I G W K P E E M B X S N L R T I I A M U I I Q I H M
W B Z Q H S F C N L S E P B P X G K M P O R V F D O A Q U M I Q V B U H P M L W
  T K B D Z G B C Y C C H C X N T G U X H E G A B A N X P L Y V I R T W C S
  G K F W K S R Z B J X I C A O I C L L N Y X A V C A O E G G Z P Q Q S E J B
  Q I U I N F M N I D G S M M J S V D H O B B Q D J H J V X U I O E G A A G J
    X U G O E Y W T N Y R U J X N P I B O U Z K M X W Y S B M V W M K K W Q
    K W V S M I Q W A U P T H L J M N A T V W A L P C J U I C E P N I V R I
    I I N G L K J H C V W P A W Q U J H T I M S I C T O S T H R J N U E
      P C H O U W E H M Z P U N Z O P H R I K U B O R I Y A A T M C L F
      O O C V H U I U P Z S B Z Q W T X V Z C P K D D I W D P X N R V
        J T T X K K L C E J Q T C Q R L R V X L X N N F C Q K G M M
          V V I W E K O L G I F K D O L F C H N T V R L R Y I G Z
          S N P P P S E G A I F I N X A S A R N B I P A R P G
          M B V J W R P C R X Y E G X Y Y Z U F C T L I E
            C M F L M H U U U I W T W P J F V U K X
              U K J M O M T L P J F V E B F Z
                A A W X U V G I Y D
```

WORD LIST:

AARON	DOBY	JOHNSON	RADCLIFFE
BOYD	GIBSON	MANNING	SMITH
BYRD	HENRY	MCHENRY	STONE
CRUTCHFIELD	IRVIN	ONEIL	THURMAN

Matching Answers

MO Symbols	MO Symbols Too	First Governors	Last Governors
b	i	2	50
j	h	6	44
k	g	5	54
f	o	9	47
h	n	16	49
c	l	17	51
e	a	15	45
a	f	13	40
i	d	10	41
g	m, c	8	43
d	b	1	56
l	k	4	46
	j	12	53
	e	11	55
		7	42
		14	48
		3	52

Cities	State Parks	MO Counties	MO Counties Too
11	f	c	f
14	j	e	k
5	d	h	e
12	n	o	d
4	l	r	b
15	i	f	m
13	g	g	h
1	k	p	i
6	c	s	o
7	b	q	p
9	o	a	a
8	m	j	r
10	h	i	n
3	a	l	c
2	e	m	g
		d	j
		b	q
		n	l
		t	
		k	

More MO Counties	And More MO Counties	Even More MO Counties	Still More MO Counties
q	n	c	d
p	q	j	s
r	l	o	e
g	s	g	h
c	r	a	p
h	m	q	b
m	k	s	c
e	i	b	f
j	f	k	i
a	o	m	g
s	a	p	j
b	d	n	r
k	p	e	k
d	e	r	q
n	g	f	o
j	b	d	a
l	h	i	n
o	c	l	l
f	j	h	m

Branson	Actors1848	Actors 1917	Actors 1932
m	a	b	k
h	c	p	j
f	m	a	o
n	f	k	h
c	i	g	l
d	k	h	i
l	j	m	m
k	b	j	g
a	d	n	b
e	g	l	f
i	h	o	a
a	q	q	n
j	n	e	d
g	p	d	c
o	o	i	e
	e	f	
	l	c	

Actors 1951	Actors 1962	Actors 1972	Artists
l	h	b	a
o	b	g	c
r	a	l	f
h	l	q	e
c	k	c	i
k	f	o	g
m	e	k	b
q	j	j	d
b	g	h	h
d	r	e	
j	o	p	
p	p	f	
a	c	a	
n	i	i	
f	n	m	
i	d	d	
g	m	d	
e	q	n	

Authors 1835	Authors 1908	Aviators…	College HoF
i	i	a	b
b	a	b	b
m	l	b	e
a	g	h	a
e	m	j	d
j	b	f	j
d	n	g	i
k	d	e	b
j	p	c	f
g	c	i	e
j	o	d	b
h	q		b
f	j		c
c	h		g
l	f		h
j	k		
	e		

Entertainers	Military Heroes	More Famous	Musicians 1890
c	k	e	e
h	k	d	c
m	m	n	f
a	g	j	e
i	e	k	j
j	i	a	i
b	c	l	c
j	b	c	h
d	h	f	c
n	f	b	g
n	j	h	g
j	a	i	c
o	l	m	b
f	n	g	e
l	d		g
k			b
p			d
g			
e			
n			

Musicians 1928	Musicians 1966	Negro League	Negro League Too
k	h	a	f
l	k	h	g
j	i	g	g
a	g	e	i
c	e	i	b
d	b	g	f
h	b	f	e
g	a	b	g
m	b	c	f
h	f	e	b
f	m	g	d
e	l	d	h
c	j	j	a
i	b	j	g
c	b	h	g
b	c	j	b
n	d		

More Negro League
c
g
e
d
i
f
c
i
h
i
h
h
b
a
c
f

Find more books by Emily Jacobs for your enjoyment:

Sports Word Searches and Scrambles
Word Search and Word Scramble Puzzles
All About Football

Sports Word Searches and Scrambles
Word Search and Word Scramble Puzzles
All About Basketball

Sports Word Searches and Scrambles
Word Search and Word Scramble Puzzles
All About Baseball

Sports Players from Pennsylvania
Famous Athletes Word Searches and Other Puzzles

Sports Players from Virginia
Famous Athletes Word Searches and Other Puzzles

Football Word Search and Other Puzzles
Football Players from Ohio 1920 - 2014

Football Word Search and Other Puzzles
Football Players from California 1920-1990

Football Word Search and Other Puzzles
Football Players from California 1991-2014

Word Search Fun with Football Players from California

Enjoyable Geography Lessons
Word Searches About All 50 States and Their Symbols

Arkansas Word Search – Word Search and Other Puzzles
About Arkansas Places and People

Colorado Word Search – Word Search and Other Puzzles
About Colorado Places and People

Ohio and Its People
Ohio State Word Search Puzzles and more

Pennsylvania Word Search – Word Search and Other Puzzles
About Pennsylvania Places and People

South Carolina Word Search – Word Search and Other Puzzles About South Carolina Places and People

Virginia Word Search – Word Search and Other Puzzles
   About Virginia Places and People

Washington Word Search – Word Search and Other Puzzles
   About Washington Places and People

Animal Word Search - Pet and Farm Animal Themed Word
   Search and Scramble Puzzles

Cars Then and Now - A Word Search Book about Cars
   (American and Foreign)

Cars Then and Now - A Word Search Book about Cars
   (American)

Cars Then and Now - A Word Search Book about Cars
   (Foreign)

Bible Word Search (Old and New Testament)

New Testament Word Search

Old Testament Word Search

Everything Woodworking – A Fun Word Search Book for
   Woodworkers

Food for Fun - A Food Themed Word Search and Word Scramble Puzzle Book

Fun With Movies - Word Puzzles of Favorite Kid's Movies

Heroes in America – Word Search Puzzles of People In Our History

Fun with Words – from The Word (Bible)
Word Find and Word Scramble Puzzles with New Testament Themes

Mandala Design Duets to Color
An Adult Coloring Book of Fun Mandala Patterns

Introducing You!
Self-Journal Questions to Get to Know Yourself

And for the little ones in your life:

Letters and Animals Coloring Fun

Made in the USA
Las Vegas, NV
14 March 2024

87083458R00085